KB265429

소록도 둥지에서

파랑새 날다

소록도 둥지에서
파랑새 날다

지은이 | 정상권
펴낸이 | 김원중

기   획 | 박길자
편   집 | 백진이
디 자 인 | 고미용
마 케 팅 | 배병철
관   리 | 김선경

초판인쇄 | 2009년 2월 2일
초판발행 | 2009년 2월 10일

출판등록 | 제301-1991-6호(1991.7.16)

펴 낸 곳 | (주)상상나무
          도서출판 상상예찬
주   소 | 서울시 마포구 상수동 324-11
전   화 | (02)325-5191 팩   스 | (02)325-5008
홈페이지 | http://smbooks.com

ISBN 978-89-93484-03-8 03230

값 11,000원

*잘못된 책은 바꾸어 드립니다.

소록도 둥지에서

파랑새 날다

소록도에서 UN까지,
어느 한센인의 세상을 받드는 삶

상상
나무

한 알의 밀알이 맺은 열매

먼저 오랫동안 한센병과 싸우시면서 같은 아픔을 가진 자들을 위해서 30년 가까운 세월동안 한길을 걸어오신 장로님의 노고에 격려와 감사의 말씀을 드립니다. 또한 이렇게 지금까지의 사역과 삶의 간증을 담아 한권의 책으로 출판하게 된 것도 축하드립니다.

사도바울의 고백처럼 내가 약할 때 곧 강함이라는 말씀처럼 장로님의 생애가 바로 이 말씀의 삶이었다고 생각합니다. 약한 몸이지만 늘 하나님의지하고 기도하면서 놀라운 사역들을 이루어 오신 것을 보면 하나님의 은혜였고, 장로님의 섬김이 있었기에 가능했을 것입니다.

한 알의 밀알이 땅에 떨어져 썩으면 많은 열매를 맺는다는 말씀처럼 철저히 낮아지고 섬김의 삶이 있었기에 지금에 있어서는 전 세계 곳곳에서 한센인의 복음화를 위해서 교회설립과 학교, 병원사역, 복지사역을 감당하는 놀라운 역사가 이루어지고 있습니다.

지금 이 시대는 이기주의와 물질주의가 판을 치고 있습니다. 이런 시대에 남을 돌보거나 섬김이라는 단어는 인기가 없는 것이 사실입니다. 그러나 우리 그리스도인들은 선한 사마리아인처럼 연약하고 병들고 헐벗은 자들을 돌볼 책임이 있고, 또한 그렇게 할 때에 하나님의 영광이 드러나게 되는 것입니다. 특히나 장로님의 삶과 사역을 보면 하나님의 역사하심이 아닐 수 없습니다. 바라기는 많은 분들이 이 책에 관심을 가져주시고, 이 귀한 사역에 동참해주시기를 바라면서 적극 추천 드립니다.

끝으로 장로님의 사역에 하나님의 놀라운 은총이 함께하셔서, 사역의 지경이 더욱더 넓어지시기를 바라고, 네 영혼이 잘됨같이 범사가 잘되고 강건하기를 기원합니다.

대한예수교장로회총회장 목사 최 병 남

나눔 실천가를 바라보며

어린 시절 하늘이 내린 한센병이라는 굴레를 안고 자신과의 운명을 당당히 맞선 사람 정상권. 하나님이 반드시 사용하실 그릇임을 깨달았기에 자신이 갖고 있던 한센병까지 오롯이 품었던 그리스도인의 표상입니다. 한센인이라는 어쩌면 병력보다 무서운 사람들의 편견어린 시선 속에서, 이중고를 온몸으로 부딪치며 그 어떤 사람보다 열정적인 삶을 지나왔음은 이미 잘 알려진 사실입니다. 그는 불타는 열정과 끊임없는 노력으로 앞을 향해 전진했고 누구보다 부지런하며 겸손하고 남을 위해 자신의 것도 아낌없이 내어줄 줄 아는 진정한 리더이자 아버지이자 친구였습니다.

정상권 회장과 우정을 나눈 지난 40년 동안 혹독한 시련 속에서 맺은 아름다운 열매들이 그의 삶 곳곳에서 피어나는 것을 보았습니다. 희망의 씨앗을 뿌린 강연장에서, 해외선교 활동 현장에서 그리고 공부하고 싶어도 할 수 없는 아이들에게 기회를 제공해주는 장학회를 통해서 어렵고 힘든 이웃들은 삶의 용기를 얻고 얼굴에 웃음꽃을 피우게 되었습니다.

하지만 무엇보다 삶의 기운이 움트는 모습을 볼 때마다 가장 기쁨을 느끼는 것은 바로 정상권 회장 자신이었습니다. 고맙다는 말을 들을 때마다 자신도 말할 수 없는 기쁨을 느낀다는 그의 고백 뒤에는 누구보다 세월의 아픈 경험들을 체화하여 다른 이의 상처를 보듬고 진심으로 다가갈 수 있는 한결같음이 있었습니다.

그는 여기에서 멈추지 않고 그는 불도저 같은 열정을 가지고 IDEA협회 회장으로서, 하나님께 받은 축복을 이웃들에게 나누어주는 나눔 실천가로서 세계로 뻗어나갈 것을 저는 압니다. 부디 세상 사람들이 그를 본받아 하나님이 주신 비전을 향해 앞으로 나아가기를 소망해봅니다.

대한성공회 주교 김 성 수

역동적이고 의욕적인 삶에 박수를

　사람이 살아가는 길은 저마다 다르게 마련입니다. '나'만을 중심으로, 오직 스스로에게 충실하며 열심히 살아가는 사람이 있는가하면, 눈을 돌려 이웃을 나보다 더 아끼고 도와주며, 나를 내던지고 남을 사랑하며 정열을 불태우는 삶도 있습니다.

　정상권 회장은 후자(後者)의 인생을 살아오신 분입니다. 본인이 한센국제협력후원회에서 같이 일해 오던 15년 동안, 옆에서 지켜보면서 얻은 결론이기에 자신 있게 말씀드릴 수 있습니다. 정 회장은 소년시절에 얻은 한센병 때문에 설움과 인고의 시간을 견뎌왔음에도, 시들거나 지치지 않고 항상 역동적으로 살아오셨습니다. 가까이 있는 사람에게 따뜻한 정을 느끼게 하며 일할 의욕을 북돋아 주는 분입니다. 그런 점이 이 책에 두루 녹아 있습니다.

　말수 적고 점잖은 분이지만 강한 추진력으로 인류를 한센병에서 안전하게 보호하고, 1,600만 한센인의 경제 자립과 인간의 존엄성 회복을 위하여 쉬지 않고 오대양 육대주를 누벼 오셨습니다. 그처럼 열정적으로 활동해 오신 데 대하여 찬사를 보내지 않을 수 없습니다. 그리고 자신만의 비밀을 온 세상에 풀어놓는 용기로, 건강한 사람을 오히려 부끄럽게 하고, 같은 한센인에게는 꿈과 희망을 심어주는 등대 같은 역할을 해오신데 대해서도 박수를 보냅니다.

　겨울에도 시들지 않는 강인한 생명력을 지닌 인동초(忍冬草)처럼, 혹은 밟히는 한이 있어도 꿋꿋이 일어서는 들풀처럼, 강한 의지와 건강한 삶에 대한 애착은 책을 읽는 많은 분들에게 좋은 인생의 길잡이가 될 것입니다.

　특히 한센병의 완전퇴치와 그 증세, 치료 방법 그리고 사회 복귀방법 등이 소상히 소개되어 있어 다방면의 독자들에게 큰 도움이 될 것입니다. 오로지 신앙 안에서 꿋꿋하게 인류사회를 위하여 최선을 다하는 정상권 회장의 앞날에 큰 축복이 있기를 바라며 이 책을 추천하는 바입니다.

경원대학교 총장, 한센국제협력후원회 회장 의학박사 이 길 여

내게 능력주시는 자 안에서 내가 모든 일을 할 수 있느니라
빌립보서 4:13

작년 12월 소록도 연합교회에서 성탄감사 예배가 있었습니다. 1956년, 17세의 어린 나이에 소록도 중앙교회 윤년주일 학교에 입학하여 하나님을 영접했던 한 소년이 52년이라는 시간이 흘러 대한 예수교 장로회 합동총회 사회부장이 되어 소록도 연합교회를 찾아 성도들을 위로하고 총회이름으로 성탄 감사 예배를 드리게 되니 너무나도 감격스러웠습니다.

책을 발간하기에 앞서 지나온 세월을 훑어보니 내어놓을 것도 없는 사람이 책을 쓴다는 게 미안하기도 했습니다. 그러나 소망이 끊어졌던 나에게 하나님께서 능력을 주시고 인도해주셔서 오늘을 있게 해주신 은혜와 복을 혼자만 누리고 있는 것이 죄송할 따름입니다. 또한 지구상에 한센병으로 고통을 받는 1,600만 한센인들에게 성공 사례를 알려서 육체적으로 정신적으로 도움을 주고 싶었고, 국제IDEA협회의 역사를 일부분이나마 기록으로 남기고 싶었습니다.

한국을 방문하여 저의 삶에 자극을 받은 인도인 친구 고팔 박사는 포기했던 자신의 삶을 180도 전환시켜 사회학 박사가 되었고, 중국인 친구 공호빈 씨는 중국 유사 이래 한센인으로는 처음으로 비행기를 타고 해외여행을 하게 되었습니다. 인도 등 다른 나라에서도 큰 규모의 공식 행사에 한센인들을 참석시켜 자신감을 가지게 했으며, 중국을 비롯한 몇몇 나라에서는 한센인 경제 자립과 보건 정책을 수정하여 한국의 한센인처럼 땀 흘려 일하게 하여 자립심을 고취

시키고 있습니다. 또 금혼령을 해지하여 한센인들의 결혼을 허락하였습니다.

이런 사례들을 보고 좀 더 많은 나라에서 자극을 받아 세계 한센인들에 대한 일반 사람들의 마음과 정책이 변할 수만 있다면 의미 있는 일이라 생각했습니다. 더불어 순간순간 하나님께서 역사하신 생생한 신앙의 체험이 독자들의 믿음에 보탬이 되길 바라며, 한센병 치료 방법들을 널리 알려 마무리 단계에 있는 한센병 문제가 하루빨리 지구상에서 완전히 해결되기를 바라는 마음입니다.

수치스런 흔적을 내어 보이고 싶지 않아 망설였지만 일본 기독교 구라회를 비롯한 많은 분들이 출판을 권유했고, ‘수치스런 흔적이 아름다움을 대신할 것이며(이사야 3:24)’ 라는 말씀에 용기를 얻어 저의 이야기를 세상에 내놓습니다.

잘못된 인습으로 인해 수치스럽다고 느꼈던 흔적이 지금은 뭇 영혼에게 복음의 씨앗을 뿌리는 구원의 흔적으로 바뀌었고, 선교의 흔적을 하나님께서 주셔서 세계 한센인 선교에 앞장서 뛰고 있으니 자랑스러운 이 흔적으로 하나님께 영광을 돌려드리고 싶습니다.

변변치 않은 책을 읽으시고 분에 넘치는 추천사를 써주시는 총회장님, 주교님, 총장님께 감사드리며 책을 내도록 도와주신 분들과 출판을 해주신 상상나무 김원중 사장에게 감사드립니다. 그리고 말없이 후원하고 내조해준 사랑하는 아내와 15명의 자손들과 이 기쁨을 같이 하고 싶습니다. 마지막으로 이 모든 것을 제 인생에 허락하신 하나님의 은혜에 감사드립니다!

2009년 2월 정 상 권

제1부 하나님의 흔적을 받다
– 고통의 늪에서 세상에 나오기까지 –

제1장 하늘이 내린 가혹한 벌

제2장 감내하는 삶

제3장 세상에 내딛 발걸음

제2부 하나님, 당신을 알았습니다!

- 나는 하나님의 사람 -

제4장 하나님 영접의 시간

제5장 하나님께서 주신 능력

제 3 부 파랑새 날다

- 세계로 뻗어가는 국제IDEA협회 -

제6장 국제IDEA협회의 국제활동

제7장 국제IDEA협회의 후원사업

# 국제 IDEA 협회의 탄생

> 국제IDEA협회(International Dignity and Economic Advancement)는 몇 명 되지 않는 한센인들의 염원으로 시작되었으나, 15년이 지난 지금은 UN 인권위원회에서 연제발표를 하는 세계적인 단체로서 그 명성을 떨치고 있다.

✝✝ 결심 그리고 각오

아직 해외여행이 자유롭지 못했던 1981년, KLM(한국 기독교 구라회)과 JLM(일본 기독교 구라회) 자매결연 기념행사 및 요양소 시찰을 처음 가게 되었다. 당시 한성협동회 상무로 있었던 나와 천우열(구지농원대표), 이완수(비룡농원 대표), 오종화(신흥농원 대표) 등이 처음으로 찾아 간 곳은 동경 전생원과 애생원이었다.

한국에서는 정착 농원 주민들은 양잠, 양계, 양돈으로 생계를 유지할 당시 일본에 살고 있는 요양소 환우들의 생활은 한국과 비교가 되지 않았다. 전기, 연료, 가스, 수도 하물며 고속도로 통행료까지 전액 무료이며 정부에서 용돈까지 지급하고 있는 실정이었다.

그러니 한국의 한센 병력자 경제 자립을 위한 활동 상황을 발표한 간담회 자리에서 일본에 계신 분들은 전혀 이해를 못하는지 "한국이라는 나라가 얼마나 가난하면 장애인들에게 노동을 시키느냐?" 라고 반문을 하였다.

일본이 한국보다는 한센인들에게 좋은 상황인 것은 분명하였다. 하지만 한센인들에게 경제적 자립을 위한 사회 활동은 반드시 필요하다는 생각엔 변함이 없었다. 일본 실정이 놀랍고 부러운 것은 사실이었지만 한국의 한센인들은 일본 한센인과는 다른 운명을 개척할 수 있을 거라고 내심 자신감을 갖게 되었다.

또 한 번의 희망을 품게 된 것은 1988년, 네덜란드 헤이그에서 열린 제13회 국제나학회에 참석하면서부터다. 당시 보건사회부 직원들과 한국에 있는 의사들 16명과 함께 회의에 참석을 했다. 그때만 해도 한국한성협동회가 사회단체등록을 마치고 일을 잘 진행하고 있었던 터라 체계가 잘 잡혀 있었다. 또한 보건복지부에서 한센병에 관한 정책을 입안할 때 우리가 참석을 할 정도로 막강한 영향력도 행사하고 있었다.

당시에는 대한나협회의 임원으로도 활동했는데 대의원 행사나 총회 같은 중요한 모임이 있으면 반드시 참석했다. 물론 처음부터 나를 끼워준 건 아니었다. 하지만 나를 필요로 하고 내가 필요한 곳이면 나는 어디든지 달려갔다.

그런데 막상 참석하고 보니 문제점이 한두 가지가 아니었다. 저명한 사회사업가들이나 의사들이 자기 돈 쓰고 일하는 사람들은 하나도 찾아볼 수 없었다. 무슨 협회나 NGO, 정부 등 후원단체에서 돈을 받고 와서는 관광이나 다니고 고급호텔에서 잠을 자는 모습을 너무나도 쉽게 볼 수 있었다. 그리고 무엇보다 나학회라면 경험자들이 와야 마땅하지 않은가. 아무리 의학적이고 과학적인 지식이 있어도 체험했던 사람만큼 알 수는 없는 일이다. 내가 생각했던 모습과는 너무 달라서 사실 적잖이 당황했었다.

일본과 네덜란드를 다녀와서 참석했던 우리는 병력자들의 정보 교환과 인간성 회복을 위한 국제단체를 설립했으면 좋겠다는 결론을 얻게 되었다. 한국에만 한성협동회를 만들지 말고 국제적인 한성협동회를 만들라는 하나님의 계시가 섬광처럼 스쳐지나갔다. 한센인들을 위한 기적이 일어나려는 순간이었다.

한세인들에게 조금이라도 경제적으로 또 영적으로 도움을 줄 수 있는 세계적인 기구가 만들어질지도 모른다는 생각에 가슴이 방망이질을 쳐댔다. 그렇게만 된다면 얼마나 경이로운 일인가. 그러나 사실 돌아와서 5년 동안은 기적은 커녕 아무 일도 일어나지 않았다.

†† 5년만의 시작

아무 일도 일어나지 않았던 5년 동안의 시간은 어쩌면 하나님께서 준비하신 시간이 아니었나 싶다. 막연한 희망만 가지고 하나님의 위대한 계획이 이루어질 수는 없었다. 한국에 있는 나에게도, 한국 밖의 세계에서도 마음가짐과 환경이 준비되는 시간이었다는 것을 뒤늦게 느꼈다.

시간이 더디게 흘러간다고 생각할 무렵 1993년도에 유준 박사를 만나면서 물꼬가 트이기 시작했다. 유준 박사는 브라질에서 의사 마리아 올리비엘라, 미국의 소설가 앤 웨이로우, 한센병력자 말로와 인도의 고팔을 한국으로 초청하여 필자에게 소개해주었다. 그들을 한센인 정착농원에 데리고 다녔는데 우리의 성공적인 마을의 모습을 보고 그들은 깜짝 놀랐다. 당연히 상상도 못한 모습이었을 것이다.

나중에 소감이 어떤지 종합평가를 들었다. 그리고 우리 문제를 우리 힘으로 풀어볼 생각이 없느냐고. 나는 국제기구를 만들고 싶다고 그들에게 제안했다. 물론 결과는 대찬성이었다.

그리고 9월에 미국 올란도에서 5년마다 한 번씩 열리는 제14회 국제나학회에 다시 만나 7개국 60명이 첫 총회를 열고 나는 초대회장으로 선출되었다. 첫 총회에서 1년 동안 준비한 뒤 정식창립총회를 가질 것을 약속했다. 창립총회까지 1년 동안 더 기다려야했지만 조급해하지 않았다. 하나님의 계획이 우리에게 기적으로 보일 것을 굳게 믿고 있었기 때문이다.

✝✝ 국제IDEA협회 발촉

약속은 지켜졌다. 1년의 시간이 길다고 생각하면 무지 긴 시간이었다. 또 사람으로서의 약간의 불안감도 가지고 있었다. 이 5%의 의심은 정말 넘기 힘든 산이다. 하나님의 계획인데, 무조건 믿어야 한다. 그리고 믿음과 신념을 가진 사람들이 바라는 일은 꼭 이루어지기 마련이다.

1994년 9월에는 브라질 페트로폴리스에서 한센병력자기구 통합 국제세미나가 열렸다. 우리는 그 하루 전 조직 위원 회의를 열어 정관, 임원의 예비 조직 등을 처리하기 위한 조직 위원회를 구성하였다. 필자를 비롯하여 바쿠라우(브라질), 고팔(인도), 유준(한국), 엔웨이 로우(미국), 올리 비엘라(브라질), 바키츠 예프(브라질)가 주축이 되어 한센병의 문제 종결을 위한 기구로 국제IDEA협회(International Dignity and Economic Advancement)를 공식적으로 창설하게 되었다.

국제IDEA협회는 아시아 지역에서 문제가 되고 있는 인도와 중국 등에 관심을 기울여 중국에서도 한센병력자 3명이 참석했는데 역사 이래 정부에서 한센병력자를 해외에 처음 내보낸다고 하였다. 인도에서도 지대한 관심을 보여 대표 2명이 참석하였다.

총회에서 앞으로 협회를 이끌어갈 임원을 선출하였는데, 필자는 경제 사업 분야의 회장이 되었고, 인도 서무로 고팔, 브라질 홍보분야에는 바쿠라우가 선출되었다. 그리고 지역별 책임자로는 동아시아 양리헤 박사(중국), 서아시아 체리안(인도), 라틴아메리카 사우사(브라질), 북아메리카 펜들턴(미국). 이렇게 각자의 역할을 담당하게 되었다. 이사 14명 중 한국에서 유준 박사, 고영훈 원장, 문석민(협동농원 회장)이 이사로 선출되었다.

각국의 대표들이 자기 나라의 사례를 발표하는 자리에서 한국의 차례가 되었다. 나는 한국 정착 사업의 과거, 현재, 미래와 오늘의 경제 자립 과정을 거쳐 부유한 삶을 살게 되니 인간성 회복은 부수적으로 따라와 주더라는 내용으로 준비한 영상 자료를 통한 발표를 하였는데 모두 생소한 내용으로 반신반의하면서도 갈채를 보내 주었다. 인종, 언어, 피부색이 달라 처음에는 모두 서먹서먹하였는데 발표가 끝나고 나니 만나는 사람마다 한국이 최고라고 엄지손가락을 위로 치켜세우는 것이었다.

중국 대표의 발표 시간에는 병력자들이 너무 감격하여 눈물 때문에 말을 제대로 하지 못하여 참석한 사람들이 모두 같이 울었다. 사연은 모두 비슷하겠지만 한센병으로 인하여 긴 세월을 고독하게 병마와 싸우고 빈곤과 싸우고 차별 대우에 지쳐 있다가 처음 국제회의 구성원이 되어 발표를 하게 되니 감격해 하는 그들의 심정을 짐작할 수 있었다.

나는 그룹토의 좌장을 맡아 "이 모임에서 무엇을 하여 주기 원하나?" 라는 의제 하에 토론에 들어갔다. 용어를 한센으로 순화하는 문제에 대해 이야기를 하게 되었는데, 미국 대표 펜들턴은 이렇게 말했다. "용어 순화 문제에 있어서 찬성은 하면서도 전 세계에 한센병은 낫는다, 해결되었다고 선포하는 것은 반대한다. 국고보조 문제로 지장을 받으면 안 된다. 외관상으로는 건강한데 생각은 너무 멀리 있었다. 적극 동의하였고 병이 나았으니 용어도 개칭되어야 한다." 이렇게 한국의 요구와 동일하게 강한 주장을 펼쳤다.

다음 날에도 나에게 한국의 정착 사업에 관한 연설을 요구하여 〈인권이 회복되는 방법〉의 제목으로 간단한 발표를 하였다. 그 내용 중 첫 번째는 '자신을 사랑하라' 즉 용어 사용에 있어서도 남에게는 순화를 요구하며 자기는 함부로 호칭해서는 안 된다는 것이었다. 또 자신의 병 치료와 건강을 회복하기 위하여 치료에 적극 동참하며 의타심을 버리라는 것이었다. 두 번째로는 경제력을 기르라는 것이었는데, 병에서 해방되고 차별 대우에서 벗어나고 가족과 이웃들이 가까워져서 예전처럼 행복한 삶을 살 수 있게 된다는 내용이었다.

마지막 저녁 시간에는 브라질의 쌈바 음악에 맞추어 참석자들이 어울려 격렬한 춤을 추며 하나님께서 세상을 창조하신 이후 처음으로 5대양 6대주의 한센인들의 흥겨운 축제로 창립총회가 그 막을 내리게 되었다.

처음 시작부터 완성도를 기대하기 어려웠다. 준비도 미비했고 진행 과정에서 걸림돌도 수없이 많아 지연되기도 하였다. 하지만 일련의 이런 과정들이 지금은 소중한 밑받침이 되었다. 국제IDEA협회는 이렇게 첫걸음을 내딛었다.

†† 공식 활동의 시작

그렇게 소박하지만 희망이 엿보이는 첫 총회를 성공적으로 마무리한 뒤 1995년, 국제IDEA협회는 정식으로 법인등록을 마치고 공식적인 활동에 들어갔다.

3월 20일 국제IDEA협회 동북아 지역을 이끌고 있는 중국IDEA협회 양리헤 박사는 중국 광동성 광쩌우시 NEW MAINLAND 호텔에서 한센병 관리 세미나를 개최하였다. 한국IDEA협회에서는 유준 박사와 내가 참석하였다.

이 회의에 한국 정착 사업의 성공적 사례를 알려주고 축산 기술 전수 및 경제 발전으로 인간성 회복을 일깨워 중국에 살고 있는 한센 병력자와 그 가족들이 잘 살 수 있게 하기 위한 교육을 하였다. 광동성에 있는 63개 요양소에서 80여 명이 참석했는데 유준박사의 기조연설과 한국의 짧은 기간에 한센병을 정복한 사례를 발표하여 큰 호응을 받았다.

한편 나는 "한센병력자의 역할" 이라는 주제로 한국 병력자들의 경제 발전 과정을 소상하게 설명하여 참석자들에게 큰 꿈을 갖게 하였다. 주최 측에서 준 시간은 한 시간이었는데 한국의 성공 사례는 세계적으로 특이하므로 참석자들의 계속되는 질문이 있어 30분을 초과하게 되었다.

국제IDEA협회 창립총회에 중국 역사 이래 처음으로 병력자인 공호빈 외 3명의 한센병력자가 참석한 후 양리혜 박사가 주축이 되어 중국 IDEA협회를 조직하고 정부의 행정 지원을 받아 매스컴에 대대적인 홍보로 이번 행사도 TV에 연일 보도가 되고 있었다. 이때부터 한국 IDEA협회에서는 예산 지원을 직접 하지 못했지만 중국 요양소와 재가병력자들에게 경제 사업을 착수하게 하는 정신적 기틀을 마련케 하였다.

10월 7일에는 일본 기독교 구라회 창립 제70주년 기념식에 초청을 받아 나와 전북 김제 신흥농원 대표 오종화씨가 도쿄에 있는 마쯔자와 교회의 기념 행사장을 찾게 되었는데 이것이 한국IDEA협회 홍보를 위한 첫 번째 해외방문이었다.

당시만 해도 일본에는 환우들의 활동이 원활하지 못했던 때인지라 IDEA협회 조직이 미미한 상태였다. 한국IDEA협회를 대표하여 나는 한국 한센병력자들의 활발한 경제활동과 국제IDEA협회를 주도적으로 설립하여 1200만 한센 병력자와 그 가족들의 자유로운 경제 활동 및 인간성 회복을 위하고 한국 정착 사업을 통한 성공 사례 등을 홍보하며 국제IDEA협회 창설을 통해 앞으로 한국IDEA협회의 역할에 대한 연설을 하였다.

　일본 기독교 구라회는 이미 한국 기독교 구라회와 자매결연을 맺어 한국 구라사업을 실시하고 있었으므로 우리의 사업에 지대한 관심을 갖게 되었고 앞으로 서로가 힘을 합하여 국제 한센병 퇴치사업에 일익을 담당하기로 하였다.

　처음 해외에 나가게 되면서 무척 떨리고 설레는 마음도 있었지만 무엇보다 중요한 것은 일본에서 오랜 시간 동안 지속되어 왔던 한센병 사역에 대한 것이었다. 아직 체계를 갖춘 것은 아니지만, 한센병 환자들에 대한 일본인들의 예우는 본받을 만한 것이었다. 일본 구라회와 손을 잡고 한센병 사역을 해나간다면 서로 큰 도움이 될 수 있을 거라는 기대감을 갖게 되었다. 서로 다른 나라지만 같은 마음을 사역을 할 수 있다는 것에 감사했다.

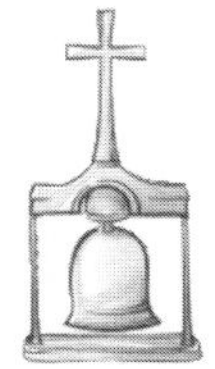

빌립보서 4장 13절

"내게 능력 주시는 자 안에서
내가 모든 것을
할 수 있느니라"

제1부

하나님의 흔적을 받다

- 고통의 늪에서 세상에 나오기까지 -

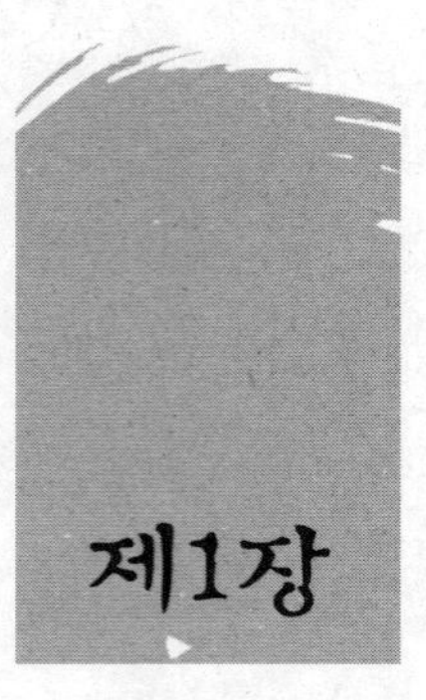

제1장
하늘이 내린 가혹한 벌

† 가난한 어린 시절

충북 청주시 변두리의 작은 시골마을, 나는 그곳에서 태어났다. 지금으로부터 60년이 더 된 시절이지만 시원한 산세와 개울에 흐르던 냇가의 풍경은 눈을 감으면 손에 잡힐 듯 아련하다. 하지만 순박한 이 마을도 역사의 흔적을 피해갈 수는 없었다.

8.15 해방을 맞은 것은 내가 6살 때였다. 당시에 큰 태풍이 와서

미루나무가 뿌리째 뽑혀 나뒹굴었던 기억과 함께 마을 어른들이 대한민국 만세를 부르며 손에 태극기를 붙잡고 뛰어다니던 모습이 또렷하다. 해방을 찾은 기쁨에 덩실덩실 춤을 추는 어른들을 보면서 나는 이유도 모른 채 즐거워했던 것 같다. 그러나 그 기쁨도 잠시, 내 나이 11살 때 6.25 동란을 맞았다. 초여름에 들어설 무렵 인민군들이 포를 쏘면서 우리 고향까지 바로 내려왔다. 그때 나는 어린 나이에 맨발로 도망다니며 어머니의 치마끈을 놓지 않으려고 발버둥쳤고 어머니도 내 손을 잡고 필사적이었다.

결국 인민군들은 의기양양하게 마을에 들어와서 쌀을 내놓으라고 했다. 6월 여름에 쌀이 어디 있겠는가. 하지만 총을 들고 밥을 내놓으라는 그들의 요구에 마을 어른들은 있는 쌀 없는 쌀을 긁어서 솥을 지고 산으로 올라갔다. 그리고 잠시 동안 우리 마을은 공산 치하에서 살았는데 인민군들이 마을 사람들을 대상으로 청년단, 소년단 등을 조직했다.

나는 친구들과 함께 가끔 산으로 탄피를 주우러 다녔다. 그러다 보면 죽은 군인들 시체가 거적에 다 덮이지도 못하고 팔다리는 고스란히 드러난 걸 쉽게 볼 수 있었다. 청주 무심천에는 그런 시체들이 너무 많았다.

오래지 않아 다행히 서울이 수복되었고 나는 초등학교에 다시 다닐 수 있다는 생각에 하늘로 날아오를 것 같았다. 사실 공부를 좀 하는 편이었고 무엇보다도 선생님이 되는 게 꿈이었다. 하지만 안타깝게도 당시에는 초등학교에서 중학교로 가기 위해서는 시험을 봐야했는데 사범학교에 가기 위해서 치룬 시험에 낙방을 하고 말았다.

시험을 치르는 도중에 반 친구에게 손가락으로 답을 짚어주는 선생님도 보았고, 나보다 훨씬 등수가 못 미치는 아이가 붙었다. 억울하지만 어쩌랴. 선생님들의 직접적인 애정을 받을 만큼 부자도 아니었고 그렇다고 나를 밀어줄 후원자도 없었다. 줄이 없으면 극히 좋은 중학교에 들어가기가 힘들었던 때였다.

제1차로 사범학교가 학생들을 뽑고 나면 2차로 청주중학교, 주성중학교, 대성중학교가 학생들을 뽑는다. 선생님이 되는 것은 이제 물 건너갔으니 기술자가 되어야겠다 싶어서 미련 없이 주성중학교에 지원했다.

당시 부모님께서는 장사를 하셨는데 너무 가난할 때라 하루하루 끼니를 걱정하는 날이 더 많았다. 그만큼 먹을 게 없던 시절이었다. 15명의 대가족이었고 나는 우리 어머니가 46살에 낳은 늦둥이 막내였다. 대중교통이라고는 전혀 없을 때라서 집에서 학교까지 족히 12~13km 정도 되었을 거리를 군말 없이 걸어 다녔다. 새벽에 일찍 밥을 먹고 도시락 하나 싸들고 가방도 없이 책보를 동여매고 집을 나서면 한밤중에나 집에 도착할 수 있었다. 그래도 나는 학교를 다니는 게 행복했다.

† 발병, 학교를 그만두다

한센병이 발병한 것은 16살 때였지만 그 이전부터 증상이 서서히 나타났다.

한센병의 증세는 사람마다 다르다. 병은 하나지만 나타나는 증세와 모습이 여러 가지이기 때문이다. 한창 친구들과 즐겁게 놀며 공부해야 할 어린 시절에 나는 한센병에 걸려 그 무엇으로부터도 자유로울 수가 없었다. 당시에 한센병은 사형선고와 다름이 없었다. 지금 생각해 보면 사도 바울이 자신의 몸에 예수님의 흔적이 있다는 고백을 하는 장면이 있는데 물론 거기까지 미치지는 않겠지만 내 영혼은 소록도에 가서 구원을 받았으니 돌이켜보면 오히려 한센병이 나에게는 구원이었던 것이다.

하지만 그 당시의 상황은 이렇게 여유롭게 과거를 회상할 만큼 평온하지 않았다. 가혹한 운명이 커다란 시련을 준비하고 나를 기다리고 있었다는 것을 어린 나는 알지 못했다.

처음에는 팔뚝 안쪽이 마비가 왔다. 집게로 집어도 아픔을 느끼지 못했다. 한센병이라는 진단을 받기 전까지는 단순히 그저 몸이 아픈 줄 알고 별의별 약을 다 구해먹었다. 하지만 한의원을 찾아다니면서 뜸도 떠보고 침을 맞아도 더욱 악화되었을 뿐 차도가 없었다.

그 이후에 얼굴이 붓기 시작하고 결절 같은 종기가 나기 시작하더니 나중에는 코 점막을 나균이 먹어들어가면서 호흡곤란이 왔다. 지금처럼 의학이 발달했으면 아무도 모르게 고쳐서 살았겠지만 당시에는 이 병을 치료할 만한 약이 전혀 없었다.

몸의 증상도 증상이려니와 한센병에 걸린 나를 누구도 상대해 주지 않았다. 당시에 그 병에 걸렸다는 것은 암암리에 아무도 알지 못하도록 방문이 꼭꼭 잠겨 있는 방 안에 갇혀 바깥 세상과는 단절된 삶을 살아가는 것을 의미했다. 마치 방 안이 이 세상의 전부인 양 살아갈 수밖에 없는 운명을 강요당하는 것이다. 행여나 누군가의 눈에 띄일까봐 드러나서는 안 될 존재가 바로 나였다.

어느 날 내가 아프다는 소식을 듣고 담임선생님이 가정방문을 오셨다. 감히 선생님과 마주앉지도 못한 채 나는 마당에 돗자리를 깔

아놓고 선생님께 절을 올렸던 기억이 난다. 그토록 다니고 싶었던 학교였다. 그곳에는 내 미래가 있었고 선생님이 있었고 친구들이 있었다. 하지만 한센병 앞에 내 삶은 한번 불면 훅 날아갈 나뭇잎과도 같았다. 결국 할 수 없이 학교를 그만두어야 했다.

아버지는 마음은 한없이 약하시면서도 겉으로는 엄하시고 표현을 잘 안하시는 옛날 어른이셨다. 워낙 시절이 시절이었기 때문에 우리 집안에서 누나와 형들이 교육을 받을 형편이 아니었으나 그래도 아버지는 7남매 중 막내인 나에게 기대를 많이 거셨던가 보다. 그 없는 살림에 조금씩 돈을 모아서 나를 중학교, 고등학교에 보내려고 하셨으니까. 나의 발병에 말은 안 하셔도 마음이 얼마나 아프셨을지 생각하면 목이 메어온다.

† 어머니와 가족에게 짐이 되다

한센병 환자를 사람으로 취급하지 않았던 그 시절 사람들은 그 병에 걸리면 마땅히 죽어야만 한다고 생각했다. 나의 발병 소식은 가족들에겐 청천벽력과 같았다. 7남매 중 막내에게 어떻게 그런 병이 들 줄 알았겠는가.

당시 우리집에서는 누나들을 줄줄이 시집보내야 하는 상황이었다. 누나들이 결혼하려고 날짜를 잡아놨는데 만약 나 때문에 파혼이 된다면 나 역시 견딜 수 없었을 것이다. 그것은 내가 집을 빨리 나왔던 이유 중 매우 큰 부분을 차지하는 것이기도 했다.

그런데 그렇다고 하더라도 지금 생각해도 어떻게 그렇게 순진했는지 모르겠다. 16살이면 이미 알 것 다 아는데 모든 상황을 그대로 다 받아들였다. 하나님을 알지도 못하는 시절이었지만 아마도 그런 마음을 미리 나에게 심어주셨나 보다.

어머니는 자식들이 많은데 대안이 안 보이고 한 마디로 없어져줬으면 하는 눈빛이었다. 하지만 나는 단 한 번도 그런 어머니를 원망해 본 적이 없었다. 어머니로서도 어쩔 수 없었을 테니까. 내가 그 입장이었어도 그랬을 테니까.

한센병자가 가족들에게 얼마나 큰 짐이 되고 부담이 되는지 너무나 잘 알고 있었기 때문이다. 워낙 먹을 것도 없이 가난하게 살았기 때문에 집안에 병자가 있는 것은 재앙이나 형벌과 같은 것이었다.

바깥출입도 자유롭게 할 수 없는 데다가 집에 있는 것도 마음이 편치 않았다. 어딜 가도 마음 편히 쉴 곳은 나에게 존재하지 않았다. 이대로 있다가는 가족들에게 짐이 될 것은 불을 보듯 뻔한 일이었다. 그렇다면 집을 나가야 할까? 하지만 어디로 가면 좋을까.

이미 팔의 감각을 잃어버린 내가 집을 떠나서 무엇을 하며 살 수 있을까? 병은 앞으로 계속 진행될 텐데 이대로 낫지도 못하고 어린 나이에 꽃도 피우지도 못한 채 사라져야만 하는 걸까? 하루 종일 집안에 갇혀 드는 생각은 나를 하염없이 절망에 빠트리곤 했다. 왜 나에게 이런 말도 안 되는 병이 생겼는지 아무리 생각해봐도 알 수가 없었다.

하지만 지금은 안다. 내가 왜 그 당시에 한센병에 걸려 소록도로 들어가야 했는지를. 나를 친히 그분의 백성으로 삼으시려고 내 몸에 한센병의 흔적을 주신 것이다. 어쩌면 하나님은 나에게 사도바울이 지녔던 가시와 같은 흔적을 주기 원하셨던 것인지도 모른다. 그 가시로 인해 더 겸손해져서 그분의 더 열심히 그분의 일을 하도록 인도하셨던 것이라 생각한다.

† 삶과 죽음의 기로

　어머니는 창출(蒼朮)이라고 불리는 약제를 구해 나에게 먹이셨다. 당시에는 그것을 많이 먹으면 죽는 것으로 알려져 있었기 때문이다. 내가 죽기를 바라는 어머니의 마음을 받아들일 수밖에 없었다.

　그래서 그것을 먹고 죽음을 받아들이겠다는 각오를 하고 잠이 들었다. 그러나 한 3일 쯤 깊은 잠을 잤을까. 나는 거짓말처럼 다시 눈을 떴다.

　막상 죽지 않고 살게 되니까 더 막막해졌다. 나는 죽음이 두려웠지만 내가 사랑하는 사람들을 힘들게 하지 않기 위해서는 떠나는 것이 가장 좋은 일이라 생각했다. 하지만 죽는 것도 마음대로 할 수가 없었다. 그때 나에게는 죽는 것보다 사는 게 더 어렵고 힘든 일이었기에 진심으로 죽고 싶었으나 죽을 수조차 없는 현실이 답답하기만 했다.

　그렇다면 이대로 살아야 할까. 한센병 환자로 산다는 것은 저주받은 삶일 뿐인데 과연 살아야 할까 하는 생각이 들었다. 나는 정말로 살고 싶지 않았다. 어머니에게도 아버지에게도, 모든 가족들에게도 나는 족쇄일 뿐이었다. 하루라도 빨리 그들의 곁을 떠나 보이지 않는 곳으로 떠나는 것이 가장 좋다는 생각이 들었다. 내가 사랑하는 가족들에게 결코 짐이 되고 싶지는 않았다.

그래서 나는 다시 죽기로 마음먹고 시내에 있는 약국에 가서 쥐약을 샀다. 약국에서는 치사량 때문에 소량의 약만을 판매했다. 그래서 이곳저곳을 돌며 약을 사들였다. 그리고는 그 약을 막걸리에 타서 다 먹고 작은 나무에 내 몸을 묶었다. 쥐약을 먹고 죽으면 발작을 하면서 죽게 된다는 이야기를 들었기 때문에 몸이 움직이지 않도록 꽉 묶어두었던 것이다.

그런데 이번에도 나는 죽을 수가 없었다. 먹은 약을 다 토하기만 했을 뿐 나의 목숨은 그대로 유지되고 있었다. 죽고 싶어도 죽을 수가 없는 현실이 원망스러웠고 살고 싶지 않은데 억지로 살아남아야 하는 인생이 몸서리치게 싫었다. 내가 죽으면 나뿐만 아니라 내 주위의 모든 사람들이 행복해질 수 있을 것 같았다. 죽을 수만 있다면, 내가 사람들을 떠나 자유로울 수만 있다면 무슨 일이든 할 수 있을 것 같았다.

그렇기 때문에 나는 죽는 것을 포기할 수 없었다. 흔히 사람들은 죽음의 순간이 닥치면 본능적으로 살기 위해서 몸부림을 친다는데 나는 그 반대였다. 삶과 죽음의 기로에서 나는 죽음을 선택했다. 그래, 이번에야말로 성공하는 거다. 고심 끝에 저수지에 몸을 담갔

다. 그렇지만 그때조차도 나는 죽지 않고 몸만 젖은 채로 살아나왔
다.

돌이켜 보면 그렇게 죽으려고 애를 써도 죽을 수 없었던 것은 하
나님께서 내 인생을 향한 계획이 있었기 때문이 아닐까 한다. 저수
지 사건 이후로 죽지 못해 살아야 했던 나는 죽는 것을 포기했다.
그리고 살아갈 방법을 궁리하고 또 궁리했다. 그 결과 가족들에게
짐이 되지 않기 위해서는 집을 나가야 한다는 결론을 내렸다.

† 가출, 무작정 서울로

나는 생각에 생각을 거듭한 끝에 집을 나섰다. 그때까지 고향인
청주에서 외부로 나간다는 것은 생각해 본적도 없었지만 처음으로
집을 나와 무작정 서울로 올라갔다.

어린 나이에 낯선 환경 속에서 나는 어디로 가야 할 지 몰랐고 무
엇을 해야 할지도 몰랐다. 거리에 지나다니는 사람들은 모두 다 나
를 이상하게 보는 것 같았고 그들과 어떻게 의사소통을 해야 할 지
막막하기만 했다. 일단은 일자리와 살 곳을 찾아야겠다는 생각이

들었다. 그래서 나는 잘 알지 못하는 낯선 거리를 헤매고 다녔다. 말 그대로 무작정, 정처 없이 계속해서 서울 시내를 돌고 또 돌았다.

떠돌아다니기를 몇 날 며칠, 낙담과 절망에 지쳐 나는 또 다시 죽음을 생각하게 되었다. 그래서 찾아갔던 곳이 바로 한강이었다. 나는 죽기 위해 한강 물에 빠져 들었다. 그러나 이번에도 죽을 수가 없었다. 죽으려고 한강에 뛰어들었지만 리어카에 모래를 싣고 가던 아저씨가 나를 발견하여 살려 주었다.

그 아저씨는 내 처지를 불쌍하게 보셨는지 나를 데리고 삼각지에 있는 '삼광식당' 으로 가셨다. 그리고는 그곳에 살 곳과 일자리를 마련해 주셨다. 살려주신 것은 감사한데 과연 내가 세상을 잘 살아갈 수 있을지 막막하기만 했다. 사람들에게 나의 병에 대해서는 전혀 이야기할 수가 없었다. 그것을 이야기하면 어느 곳에서도 나를 직원으로 받아주지 않을 것이 분명했기 때문이다. 그렇게 내 병을 감춘 채로 열심히 일을 하며 사람들과 함께 생활을 하던 중, 온몸에 병의 증세가 두드러지게 나타나기 시작했다.

당시 약을 쓸 수도 없었고 매일 고단한 일상을 이어갈 수밖에 없었기 때문에 병이 악화되는 것은 아주 당연한 이치였다. 결국 그 식당에서 더 이상 일을 하지 못하고 쫓겨나다시피 나올 수밖에 없었다.

처음으로 정말 처음으로 서러움을 느꼈다. 살긴 살아야겠는데 내 몸에 병을 지닌 채로는 살아가기가 너무 힘들 것 같았다. 아픈 몸을 이끌고 또 다시 서울 시내를 떠돌아다녔다. 마치 끝이 보이지 않는, 빛도 보이지 않는 긴 터널을 하염없이 걷고 있는 느낌이었다.

그렇게 또다시 갈 곳을 몰라 방황을 하고 있을 때 나를 찾아 온 사람들은 소위 말하는 '서대문파', '역전파' 아이들이었다. 처음에 그들은 나에게 잠 잘 곳과 일자리를 제공해 준다며 나를 꾀었다. 세상에 대해 아는 것보다 모르는 것이 훨씬 많았던 나는 그들이 시키는 대로 우유깡통을 메고 구걸을 하러 다녔다. 그렇게 하지 않으면 그들이 나에게 온갖 욕설을 퍼부으면서 마구 때렸기 때문이다. 그때 나는 그들로 인해 거의 나의 삶을 포기해야만 했다. 내 의지대로 할 수 있는 것이 전혀 없었다.

시달림을 당할수록 나의 병세는 극심하게 악화되었고 결국에는 어떻게 손을 쓸 수 없는 지경에까지 이르게 되었다. 그래서 나는 서울 시립병원에 강제 이송되어 곧바로 소록도로 보내지게 되었다.

✝ 소록도로 들어가다

1956년 7월. 나는 죽어도 가고 싶지 않았던 소록도에 들어가게 되었다. 그곳은 듣던 대로 인적이 드문 곳에 위치한 외로운 섬이었다. 그곳에 있는 사람들은 대부분 정상인이 아니었다. 눈빛이나 몸짓 하나하나에서 비정상적인 그들의 상태를 한 눈에 파악할 수가 있었다. 나 역시 한센병 환자였지만 병에 걸린 그들을 처음 만났을 때 나의 마음은 이루 말할 수 없이 착잡하고 심난했다. 어쩌다가 저런 병에 걸려 저런 몰골로 이토록 고생을 하고 있을까 하는 생각이 들어서 갑갑하고 힘이 들었다.

나도 저들 속에 묻혀 지내야 한다니 정말 눈앞이 캄캄하기만 했다. 몸 상태가 좋지 않은 것은 둘째치고 소록도에서 계속될 우울한 나날들이 나의 마음을 깊은 바닥으로 침잠시켰다.

그 당시만 해도 한센병을 치료할 수 있는 약품은 어디에도 없었다. '대풍자유'라는 약으로 치료하는 옛날 치료 요법을 써오고 있었는데 색깔이 변하면서 특이한 냄새를 풍겼기 때문에 먹기가 매우 고통스러웠다. 그런데 신기하게도 내가 소록도에 들어갔던 그 해부터 'DDS, 다이아손'이라는 약이 들어오기 시작했다.

그 약은 무척 귀해서 간호사들이 환자들에게 직접 투약해주었는데 환자들이 입을 벌리면 간호사들은 그 약을 입에 넣어주었다. 당시는 너무 가난해서 먹을 것이 없었기 때문에 환자들이 몰래 약을 가져다 팔아서 쌀을 사 먹으려 했다. 그래서 환자들을 치료하려면 간호사들이 직접 약을 투약할 수밖에 없었다.

그때 나는 겨우 만으로 17살 밖에 안 된 앳된 청소년이었다. 한참 많이 먹어야 할 나이여서 하루에 배급되는 4합의 양식으로는 턱없이 부족했다. 그나마도 나라 사정이 어려워 3합으로 감량되기도 하였다. 그래서 많은 환자들이 하루 분을 한 끼에 다 먹어치우기도 했다. 그만큼 먹을 것 없이 굶주렸던 시대였다. 아직도 떠오르는 기억은 크리스마스 행사 때, 교회에 모인 사람들에게 제공되었던 토끼죽이나 떡국으로 허기진 배를 채우기 위해 앞 다투어 줄을 섰던 일이다. 너무 배를 곯은 나머지 같은 방을 쓰는 아저씨의 토끼밥(청보리를 거칠게 겉껍질만 벗긴 것)을 삶아서 건져먹기도 하였는데 나중에 그 사실이 알려져 미안하기 그지없었다. 밥은 생각할 수도 없었던 상황이라 시금치를 사서 데쳐 양념 없이 맨 간장에 찍어 먹고 배를 채우기도 하였다. 고생했던 지난 생활을 생각하면 오늘 누리는 삶은 하나님의 천국과도 같다.

소록도에 7개의 교회가 있었는데 그 중에 중앙교회 유년주일학교에 출석하게 되었다. 성경 기초 공부를 하면서 동시에 초등학교

6학년 2학기에 편입이 되어 3년 동안 공부를 했지만 이미 다 배웠던 내용이라 너무 쉬워서 학교생활에 적응하기 쉽지 않았다.

하지만 그때 교회에 다니면서 학생회 회장이 되었고 그곳 친구들과 어울려 다니면서 즐거운 시간을 보내기도 했다. 당시 나와 함께 중학교에서 열심히 공부했던 친구들은 대부분 사회 지도자가 되어 활약하고 있다.

비록 배가 고프고 몸이 아팠던 시절이었지만 그토록 순수한 영혼들과 함께 할 수 있었기에 이렇게 추억할 수 있는 게 아닐까 한다. 그리고 하나님께서 밑바닥 인생이었던 우리들과 함께 하시고 지켜 주셨기에 시간이 흘러서도 이렇게 떠올릴 수 있는 것이 아닐까 생각된다.

무엇보다도 감사한 것은 소록도에서 생활하면서 치료소 간호 보조로 일한 경험이 이후에 정착마을에서 크게 활용되었다는 점이다. 노인들의 상처 난 곳에 드레싱을 하기도 하고, 환자들에게 치료약을 주기도 하고 심지어는 시체실에서 시체 해부를 돕는 일까지 하게 되었다. 그러면서 나는 자연스럽게 의료계로 진출하고자 하는 소망을 품게 되었다.

물론 지금 생각해 보면 그것은 내 길이 아니었던 것 같다. 대신 소록도 의료부에서 일을 했던 것은 나로 하여금 사람들을 더 많이 이해하고 사랑할 수 있게 하는 원동력을 제공해 주었던 것이라 생각한다. 하나님은 내가 가는 곳마다 나에게 행정적인 일들을 맡겨 주셨다. 그리고 여러 가지 행정적이고, 경제적인 일들을 통해 리더십을 키워오게 하셨다.

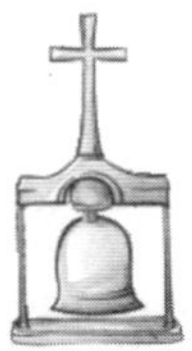

제2장
감내하는 삶

† 남원에서 새로운 삶을 시작하다

처음 소록도에 와서 시작한 생활은 온갖 생각들이 나의 머릿속을 어지럽힐 뿐이었다. 약을 써도 몸이 전혀 나아지지 않는 몸이 나 스스로를 사랑할 수 없게 만들었고 삶 자체를 원망하기도 했다. 온몸에 드러나는 병의 증세, 형편없이 병들어가는 나 자신을 도저히 용납할 수가 없었다.

그렇게까지 병든 못난 나를 보면서 살아갈 이유를 모두 상실했다. 나의 곁에는 그 누구도 없었고 나의 마음은 몹시 외롭고 쓸쓸했다. 누군가 내 곁에 있어주기를 바라는 마음이 간절했지만 그 누구도 내 곁에 있을 수 없다는 사실이 서글펐다.

그런데 인내의 열매는 달다고 했던가. 하나님은 그런 나를 오래 내버려두지 않으셨다. 외로움과 삶에 대한 애착이 커질수록 하루라도 빨리 치료를 마치고 이곳을 벗어나야겠다는 새로운 희망을 품게 하셨다.

다행히 나는 소록도에서 치료를 마치고 그곳을 떠나올 수가 있게 되었다. 신기하게도 병이 깨끗이 나아 정상적인 생활을 할 수가 있게 되었다. 마땅히 죽을 수밖에 없는 내가 정상인들처럼 살 수 있게 되었다는 사실이 믿겨지지 않았고, 절망과 고통 속에 있는 나를 만나주시고 어루만져주신 하나님께 감사하지 않을 수 없었다.

드디어 소록도를 떠나는 날, 나는 목이 메어와 한참을 울었다. 지난 세월이 영화 필름처럼 스쳐지나가며 동시에 그동안 받았던 상처와 아픔이 깨끗이 씻겨나가는 듯했다.

치료가 다 끝났으니 이제는 내가 가야할 곳을 정해야 할 처지였다. 그러나 가족들에게 돌아가더라도 함께 살 수 있는 형편도 아니었고 누구 하나 아는 사람이 있는 것도 아니었다. 그렇게 어디로

가야할까 고민하던 중에 내가 찾아가게 된 곳이 바로 전라도 남원이었다.

소록도 병원에서 함께 있던 친구의 소개로 알게 된 남원은 자연의 모습이 그대로 살아있는 아름다운 고장이었다. 오랜 투병으로 지친 나의 영혼이 쉼을 얻기에는 가장 좋은 곳이었다. 게다가 한센병력자들에 의해 만들어진 한센인 정착농원이 있었다.

제2의 고향 남원의 왕제라는 산골짜기에 첫발을 내디뎠을 때 내 나이 막 스무살. 나는 그곳에서 티 없이 맑은 영혼을 소유한 사람들을 만나면서 그 아름다운 세계 속에 금세 동화될 수 있었다.

그 당시에 8세대가 살고 있었는데, 모두가 세상 때가 묻지 않은 착한 사람들이었다. 사람들은 나를 마치 자신들의 가족처럼 대해 주었고, 나의 한센병력에 대해 뭐라 말하지도 않았다. 그저 나의 있는 그대로의 모습을 받아들여 주었고 또한 존중해 주었다.

그들도 나처럼 한센병력을 갖고 있는 사람들이었기에 어떤 것도 감추지 않고 숨김없이 드러낼 수 있었다. 그들과 함께 있으면 그 어떤 것도 흠이나 티가 되지 않았다. 오히려 모든 것이 사랑의 이유였고 모든 사람들이 사랑의 대상일 뿐이었다.

그런 사람들을 대하면서 나는 가족만큼 혹은 가족보다 더 진한 인간애를 느낄 수가 있었다. 병을 앓으면서 나는 항상 내 주위 사

람들에게 신경을 써야 했고 그들에게 가까이 가지 않기 위해 노력
해야 했는데 이 마을 사람들은 나에게 먼저 가까이 다가와 주었다.
그들 사이에서 영혼에서 영혼으로 이어지는 만남이 계속되었다.
태어나서 처음으로 느껴보는 따뜻한 감동으로 가득한 나날이 지속
되었다.

† 어머니와의 재회

소록도에서 치료를 받는 긴 시간 동안 나는 그 누구도 찾지 않았
다. 가족들은 물론 친구들까지 내가 아는 모든 사람들을 기억하지
않으려고 애를 썼다. 내가 누군가를 찾으면 그게 오히려 부담이 된
다는 것을 너무나 잘 알고 있었기 때문에 아무도 찾지 않았던 것이
다. 하지만 그럴수록 사람들이 그리웠다. 특히 어린 시절에 한센병
에 걸린 내가 죽기를 바라셨던 어머니가 가장 그리웠다.

나는 단 한 순간도 어머니를 원망해본 적이 없었다. 병에 걸린 내
가 죽었으면 하고 바랐던 것은 어머니가 나를 미워해서가 아니라
오히려 사랑하는 마음에서 그런 것이었다는 것을 나는 잘 알고 있

다. 다만 그럴 수밖에 없었던 현실과 상황이 안타까울 뿐이었다. 나는 치료를 받으면서 많은 눈물을 흘렸다. 어머니를 단 한 번만이라도 볼 수 있다면 더 이상의 소원은 없을 것만 같았기 때문이었다.

나는 점점 깊어지는 그리움을 견디다 못해 3년 만에 집으로 편지를 보냈다. 그러자 어머니는 소록도에 있는 나를 보기 위해 한 걸음에 달려오셨다. 충북 청주에서 소록도 녹동까지는 꽤 먼 거리였는데, 한글을 전혀 모르셨던 어머니가 길을 물어물어 걸어오셨다니. 그것을 생각하면 마음이 지금도 짠하다.

당시 3.15 부정 선거 때문에 대부분의 길이 통제되었고 어디론가 움직인다는 것 자체가 무척 힘들고 어려운 일이었는데 어머니는 그 험한 길을 지나 나를 만나러 오셨던 것이다. 다른 때 같았으면 면회가 되었을 텐데 시기가 시기였던 만큼 끝내 서로를 만나보지도 못하고 말았다. 안타깝게도 그때는 어머니를 만날 때가 아니었나 보다.

당시 소록도 병원장이었던 차윤근 씨가 나와의 면회를 불허하고 어머니를 돌려보냈다는 사실을 나중에야 알 수 있었다.

그때 어머니를 만날 수는 없었지만 나는 어머니의 사랑을 고스란히 느낄 수가 있었다. 어머니는 절대 나를 미워하셨던 것이 아니라 오히려 더 깊이 사랑하셨던 것이다. 그 사랑만으로도 그 벅찬 기쁨만으로도 나는 소록도에서의 남은 치료를 견뎌낼 수 있었다.

그토록 가슴에 사무치게 그리워했던 어머니를 남원에 와서야 만날 수 있었다. 남원에 있는 나를 보기 위해 종종 다녀가시고는 했기 때문이다. 한번은 어머니가 오셔서 맛있는 식사를 대접하고 싶었으나 쌀이 없었다. 워낙 여유 없는 생활을 하고 있던 터라 맛있는 쌀밥 한번 해 드리기가 그렇게 어려웠다. 그 당시 나는 낡은 자전거를 타고 다니며 계란을 팔러 다니면서 생계를 겨우겨우 유지하고 있었는데, 부랴부랴 쌀을 구하기 위해 자전거를 타고 집을 나섰다.

그런데 어디에서 쌀을 구한단 말인가? 정말 막막한 심정으로 고민했으나 밥 한 그릇 지을 쌀을 구하기란 대단히 어려웠다.

순간 골목 어귀에서 갑자기 누런 구렁이가 한 마리 나타나는 것이었다. 정말 크고 실한 구렁이였다. 그것을 보는 순간 나는 아무 생각도 할 틈이 없었다. 냉큼 그것을 잡아들었는데 예상 외로 순순히 잡혔다. 나는 그 구렁이를 꽤 비싼 값에 팔았다.

그렇게 해서 어머니께 맛있는 밥을 지어 드릴수 있었다. 지금도 그 때를 생각하면 감사가 절로 나온다. 생각해 보면 물질적인 여유는 전혀 없었지만, 마음과 영혼만은 하나님의 은혜와 사랑으로 인해 행복할 수 있었던 시절이었다. 제대로 먹고 입을 수는 없어도 하나님께서 함께 하시기에 영적으로 부유할 수 있는 것이다.

† 평화봉사단

내가 정착마을 대표로 일을 하고 있을 때 우리 마을에 평화 봉사단으로 왔던 '미스강' 이라 불리는 자매가 한 명 있었다. 당시에는 한센병력자 정착 마을이 전국에 100여개 정도가 있었는데 평화봉사단에서 각 마을에 한 사람씩을 파견하여 여러 가지 도움을 주곤 했었다.

우리 마을에 배정된 사람은 그곳에 있던 열 다섯 명 중에 유일한 여성이었던 '강주혜' 라는 한국 이름을 가진 미국인 아가씨였다. 그 아가씨를 데리고 마을에 왔는데 마땅히 지낼 곳이 없어 마을 회관 숙직실에 연탄불을 넣어 머물게 했다.

강주혜 자매는 미국 미시간 주립대학을 졸업하고 한국에 평화봉사단으로 활동나온 재원이었다. 성격도 싹싹했기 때문에 마을 사람들 사이에서 매우 귀중한 존재였다. 교회 주일학교 아이들을 대상으로 영어를 가르치기도 했고 몸이 아픈 사람들을 데리고 나와 함께 병원에 가기도 했다.

그런데 그 중에 그 자매를 '누나' 라고 부르던 한 형제와 유독 친하게 지내는 모습이 보였다. 그 형제는 우리 마을에 고등학교 1학년 학생인 최군이었다. 당시 열 두세 대의 집을 짓고 있었는데 그 중에 최군의 집도 끼어있었다. 최군은 밖에서 친구들과 놀다가도 나만 나타나면 열심히 일을 도왔고 숨어 있다가도 나와서 일하는 모습을 보이고는 했다.

자매는 나를 이모부라고 부를 정도로 친했는데 어느날 그 형제와 함께 나를 찾아와서 자신들이 결혼을 해야겠으니 허락해달라고 하는 것이었다. 나는 그들이 걱정되었다. 그래서 최군의 부모를 불러놓고 여러 가지를 심각하게 의논을 했다. 미스강은 미국에서 대학을 졸업했고, 집안도 꽤 여유가 있는 아가씨여서 더욱 고민이었다.

그리고 최군의 나이가 한참 어린데 조금 같이 살다가 미스강이 그를 버리면 어떻게 하나 하는 걱정이 앞섰다. 당시에는 이혼을 한다는 것이 매우 드문 일이었고 또 이혼을 하게 되면 많은 사람들에 의해 수없이 손가락질을 당할 수밖에 없었기 때문이었다.

하지만 미스강은 오히려 최군이 자신을 버리면 버렸지, 자기는 절대 떠나지 않을 거라고 말했다. 나는 그들의 호언장담에 결혼을 허락하지 않을 수가 없었다. 하지만 미스강의 부모님은 미국에 계셔서 한국으로 오시기가 힘들었고, 주례를 해 줄 사람이 마땅치 않았다. 그래서 당시 용정교회 담임교역자였던 임인관 전도사가 그들의 결혼식에 주례자로 서게 되고, 강주혜 자매의 아버지 역할을 내가 맡았다. 그리고 마을에 있는 작은 예배당에서 그들은 결혼식을 올렸다.

나중에 그 사실이 방송을 통해 알려지게 되면서 뜻밖의 곤혹을 치르게 되었다. '여성들의 9시' 라는 프로그램에 출연하여 당시 대통령 영부인의 요구로 결혼생활 30일 간의 생활을 방영하기로 했다. 그런데 예고편에서 한센인에 대한 묘사가 너무 자극적이고 왜곡되게 방영되는 바람에 전국에서 항의 전화가 빗발쳤다. 무슨 생각으로 그런 행동을 했느냐며 따지고 드는 사람들에게 내가 다 책임지겠다고 말하고 예정대로 두 사람을 방송에 출연시켰다. 물론 담당 프로듀서와 내가 함께 편집을 하겠다는 조건으로 녹화를 하였다.

그때 황인용 씨가 MC를 봤었는데 두 사람의 이야기가 전파를 타고 곳곳에 전해진 뒤로 그들을 격려하는 말들이 많이 들려왔다.

처음에는 그들에 대해 손가락질을 했고 우리 마을에 대해 항의하는 소리가 높았었다. 더구나 그들의 나이 차이를 이해할 수 없는 보수적인 사회였기에 많은 손가락질을 당할 수밖에 없었던 현실 속에 있었다.

그렇지만 그들의 아름다운 모습이 많은 사람들을 감동시켰던 것 같다. 다행스럽게도 두 사람은 방송 출연료를 받아 계획대로 미국으로 갈 수 있게 되었다.

나는 지금도 그녀를 생각하면 무척 고맙고 감사하다. 여러 면에서 많은 것들을 갖춘 자매가 자신의 모든 것을 내려놓고 초라하기 그지없는 마을까지 와서 여러 사람들을 섬기던 모습이 아직도 눈에 선하다.

하나님은 그 자매의 모습을 무척 기뻐하셨을 것이다. 자신의 학벌과 미모, 많은 재주가 다 하나님의 것임을 고백하며 겸손히 그분의 길을 걷는 그 자매야 말로 세상에서 가장 아름다운 여인이 아닐까 하는 생각을 해 본다.

종종 그 자매의 소식을 듣게 되는데 여전히 하나님 안에서 사랑하며 행복하게 잘 살아가고 있다고 한다. 최군은 미국에서 신학 공부를 했고, 지금은 두 사람 다 목사가 되어 하나님의 일을 하며 살아가고 있다. 그 두 사람이 바로 우리 정착 마을을 통해 맺어진 사랑의 결실, 열매라고 말할 수 있다. 그들의 이야기는 여전히 나의 마음을 뭉클하게 하는 기억이자 아름다운 추억이다. 그런 사람들

이 있어서 우리 마을이 더 아름답게 빛날 수 있었던 것이라 생각한
다.

† 가정을 꾸리다

　내가 살았던 남원은 아름다운 경치와 더불어 순수한 사람들이 모
여 살았던 곳이다. 한센병력을 갖고 있는 나였지만 많은 호의를 베
풀어 주는 착한 사람들이 있어서 나의 삶은 새로워질 수 있었고,
전과는 차원이 다른 삶을 살 수 있었던 것이다.

　남원은 춘향이와 이도령이 만났던 곳으로도 유명하다. 그래서인
지 나 역시 남원에서 나의 반쪽을 만나게 되었다. 내가 내 아내를
처음 만났을 때 나는 이십대 중반의 청년이었고, 그녀는 이제 막
이십대 초반이 된 꽃다운 여인이었다. 유난히 희고 고운 피부와 맑
은 눈망울이 인상적이었던 내 아내는 천사처럼 아름답고 착한 사
람이었다. 마을 사람 누구에게도 친절하고 다정하게 따뜻한 마음
을 베풀 만큼 속이 깊고 넓었다.

　하지만 처음 가정을 이루었을 때, 내가 할 수 있는 일은 변변치

못했다. 그저 병아리를 키우는 일밖에는 생계를 꾸려가기 위해 내가 할 수 있는 일은 거의 없었다. 그때 나와 아내는 신혼방 아랫목에 100마리의 병아리를 놓고 키웠다. 102명의 가족이 그 조그마한 집에서 옹기종기 함께 생활을 했던 것이다.

그 당시 자전거를 타고 다니면서 파는 계란으로는 그렇게 큰 돈을 벌 수 없었다. 나는 곱디 고운 아내를 너무 고생시키고 힘들게 하는 것 같아서 무척 미안한 마음이 들었다. 그렇지만 아내는 언제나 나의 편이 되어 주었다.

내가 무슨 일을 하든 어떤 말을 하든 다 믿고 따라 준 고마운 사람이 나의 아내였다. 나에게 천사 같은 아내가 없었다면 나는 그 어떤 일도 제대로 할 수가 없었을 것이다.

남원에서 살았던 28년 중에 1981년에서 1988년까지 7년 반 동안은 내가 서울에서 일을 하느라 우리 부부는 주말 부부로 지낼 수밖에 없었다. 멀리 떨어져 있으면서도 아내는 나의 생활 하나하나를 세심하게 신경 써주었다. 무슨 일을 하든지 전적으로 후원해 주고 기도해 주는 사람은 언제나 아내였다.

그리고 우리 아이들은 일찌감치 남원을 떠나 서울에서 학업을 했다. 첫째 아이는 중학교 3학년 때 처음 서울로 가게 되었고, 작은 아이들은 각각 초등학교 3학년, 5학년 때 올라갔다. 세 아이 모두 서울에서 공부를 열심히 하며 자신들의 꿈을 펼쳐나갔다.

나는 당시 11시간 반이 걸려 남원에서 서울까지 왔다 갔다 하면서도 마음만은 행복했다. 성실하게 자신의 꿈을 위해 준비하는 아이들과 언제나 사랑스러운 나의 아내가 있어서 세상을 살아갈 힘을 얻고는 했다. 그것 또한 하나님께서 나에게 값없이 주신 선물이라고 생각한다.

지금은 우리 세 자녀 모두 결혼을 해서 행복한 가정을 꾸려가고 있다. 큰 딸은 목사님의 부인이 되어 남편의 사역을 잘 섬기고 있고, 아들은 개인 사업을 하고 있다. 그리고 작은 딸은 벤처기업의 중역인 남편과 함께 행복한 삶을 살아가고 있다. 손자들도 하나 둘씩 생겨나게 되어 아이들이 다 모이면 7명이나 된다. 나는 우리 가족을 볼 때 축복받은 가정이라는 생각이 절로 든다. 각자의 자리에서 자신들이 원하는 것을 이루어가며 서로 사랑하는 모습을 볼 때, 그것이 지상에서 가장 큰 축복이 아닐까 하는 생각이 든다.

우리 가족은 6년 전부터 한 달에 한 번씩 '신석 선교회'라는 이름으로 15명의 가족이 모여서 예배를 드린다. '신석 선교회'는 필리핀에 건립한 '신석교회'에서 이름을 따온 것으로 예배뿐만 아니라 중국 반석교회, 필리핀 한센인을 위한 교회에 교육사업과 교회 양육을 위한 운영을 하는 등 여러 가지 후원 사업을 하고 있다.

최근에는 아내와 나의 결혼 40주년을 맞이하여 자녀들이 커플링을 선물로 해주었다. 하나님과 함께하는 삶은 결국 이렇게 행복한 것이구나 하는 생각을 할 때 더 큰 감사와 찬양을 드리게 된다.

✝ 하나님의 축복

하나님은 큰 축복으로 나에게 귀한 가족을 15명이나 허락하셨다. 나이 어릴 때 결혼하여 처음에는 깨닫지 못하였지만 주례 선생님의 "아내를 얻는 것은 복덩어리를 얻는 것과 같다" 라고 하셨던 말씀이 이제는 실감이 난다.

우선 아내에게 고맙고 또 감사하다. 하나님께서 오늘 나를 있게 하고 나를 통해서 여러 가지 일을 하게 하시려고 지금의 아내를 허락하신 것이다. 나는 14년 동안 세계 선교 경비를 거의 내 부담으로 봉사하였다. 1년에 많게는 9~10번까지 외국 출장을 가다보니 여비만 해도 생활비와 맞먹는 수준인데 지금껏 불평하지 않고 묵묵히 따라 와주었고 새벽에는 나의 건강을 위해 또 내가 실수하지 않게 해달라고 간절히 기도해 주었다. 내 평생 해왔던 일의 50%는 아내의 업적이다. 아마도 내세에 아내의 상급이 클 것으로 생각한다.

　나는 지금까지 내 아내와 함께 인생을 살면서 내가 준 것보다 받은 것이 더 많은 것 같아서 늘 미안한 마음을 갖고 있다. 미안한 만큼 더 많이 사랑해야지 하고 다짐을 한 적이 한 두 번이 아니지만 워낙에 여러 가지 사역으로 인해 바쁘다 보니 그게 생각처럼 쉽지가 않다. 그저 마음으로만 안타까워하고 사랑할 뿐이다. 그래도 내 아내는 알고 있을 것이라 확신한다. 나에게 가장 소중한 사람은 바로 당신이라는 것을 말이다.

　나와 아내는 28년 동안 남원에서 살면서 세 남매를 낳았고, 나는 장로가 되었고 아내는 권사가 되었다. 결코 여유롭지 못했던 삶을 하나님께서는 계속해서 채우시고 바꾸어 주셨다. 그래서 남원에서의 28년 생활을 되짚어볼 때면 내가 누릴 수 없었던 행복을 선물해 주신 하나님께 감사를 드리지 않을 수가 없다.

　얼마 전에는 워커힐 호텔에서 가족들과 몇몇 아는 사람들을 초대해서 조촐하게 회갑연을 가졌었다. 가족 친척 70명 중에 단 한 명을 제외하고 모두가 참석해서 자리를 빛내 주었다. 내가 사랑하는 가족들과 함께 약 두 시간 가량 예배를 드리면서 나의 인생에 대해 잠잠히 되돌아보게 되었다.

나는 누가 봐도 버림받은 존재였고, 삶을 살아갈 자격이 없는 존재였다. 그러나 하나님은 나를 찾아 오셔서 친히 만나주셨고, 나의 모든 상처와 아픔을 어루만져 주셨다. 그리고 그분의 손길에 의해 병든 육체와 영혼이 깨끗이 나을 수 있게 하셨다.

나는 더럽고 어그러진 그릇이라 그분의 귀한 사역에 전혀 동참할 수 없을 줄 알았는데, 하나님은 나를 매우 깨끗하고 빛나는 금그릇으로 다시 빚어 주셨던 것이다. 약 70년 남짓의 인생을 돌아보면서 내 마음을 가득 채우는 것은 감사와 찬양이었다. 내 힘으로 살 수 없었던 인생을 고치신 하나님, 죽을 수밖에 없는 나를 살게 하신 하나님. 그 하나님을 나는 진심으로 사랑한다. 그리고 진심으로 신뢰한다.

† 정착마을을 이끌다

우리 마을에서 제일 나이가 어린 사람이 바로 나였는데 그런 이유에서인지 마을 어른들은 나에게 많은 일들을 맡기고 싶어 하셨다. 제일 처음으로 내가 맡게 된 일은 사무실에서 사무를 보는 것이었다. 어른들과 함께 일을 하면서 밤낮없이 집을 짓고, 돼지와 닭을 기르면서 힘이 들기도 했지만 내 마음 깊은 곳에서부터 기쁨 이 생겨나기 시작했다.

마을 사람들은 차츰 나를 알아가고 친해지면서 더 많은 일들을 맡기기 시작했다. 아주 사소한 집안의 일부터 마을 전체를 대표해 서 수행해야 하는 일들까지 거의 대부분의 일들을 나에게 부탁해 오는 것이었다. 그렇게 많은 일들을 감당하면서 내가 사람들을 위 해 마을을 위해 무언가를 할 수 있다는 생각에 무척 뿌듯하고 기뻤 다. 사람들은 그런 나의 모습을 무척 보기 좋아했고 믿음직스러워 했다. 그리고 언제부터인가 마을에 뭔가 중요한 일이 있다 싶을 때 면 언제나 사람들은 나를 찾고는 했다.

그렇게 마을 사람들 사이에서 신뢰가 쌓이면서 나는 20대의 젊 은 나이에도 불구하고 농촌 지도자로서의 역할을 감당해야 했다. 다행히 나의 성실한 모습에 믿음이 갔는지 사람들은 나를 자연스 럽게 마을의 대표로 생각해 주었다.

나는 그게 한편으로는 부담스럽기도 했지만 고마운 마음이 들었 다. 내가 그토록 인정을 받으며 믿음직스러운 사람이 되리라고는 상상도 못했었는데 새로운 삶을 살게 해준 마을 사람들에게 너무 나 감사한 마음이 들었다. 그리고 무엇보다 나를 그렇게까지 높이

들어 사용하시는 하나님께 감사했다.

1972년 당시에는 국가적으로 농촌주택개량 사업이 진행되고 있었는데, 한 집에서 두 사람씩 나와서 일을 해야 했다. 그때 나는 오토바이를 타고 시내를 왔다 갔다 하면서 마을 주택개량사업을 진행했다. 우리 마을에서 새마을 운동이 진행되면서 리어카 끌고 다닐 길조차 없었던 마을의 모습이 차츰 살기 좋은 마을로 변화되어 가더니 나중에는 그 주위에서 가장 잘 사는 마을로 인정받을 만큼 변모했다.

그러자 우리 마을의 소식을 들은 당시 전라북도 도지사였던 이춘성 씨가 사모님과 함께 찾아왔다. 가난하고 버림받았던 마을이었지만 빛을 보기 시작하게 된 것이다. 나는 그때 도지사 내외를 앞에 두고 우리 마을의 사업 보고를 눈물로 브리핑했고 도지사 내외는 그것을 들으면서 함께 울었다.

그 후 각 방송사에서 우리 마을을 취재하기 위해 차를 몰고 들어오기 시작했다. 그리고 우리 마을은 새마을 자립 마을로 승격하게 되었다. 얼마 지나지 않아 대구 체육관에서 새마을 지도자 대회가 열렸는데, 전국에서 온 각 마을 대표들이 대통령 앞에서 성공 사례를 발표하는 자리가 있었다. 그 발표를 잘 하면 대통령으로부터 훈장을 받게 되어 있었다. 그 때가 바로 농촌 새마을 사업에서 도시 새마을 사업으로 전환하려던 시기였는데 나의 수상 덕분에 우리 마을은 전국에서 유명세를 타게 되었다.

내가 마을 대표로서 사업보고와 발표를 잘 했던 것도 큰 몫을 감당하는 일이 되었던 것 같다. 각 마을의 대표들을 모아 놓고 발표하는 자리에서 나는 다른 사람들보다 월등하게 좋은 평가를 얻었다. 다른 이들은 밤을 새가며 발표문을 정리하고 사업 보고 내용을 점검했지만 나는 그렇게 하지 않았다. 그저 평소에 일을 해오던 대로 자연스럽게 우리 마을의 형편에 대해 이야기했다.

그런 나의 진솔한 태도와 열정이 더 좋은 결과를 불러오지 않았나 생각되었다. 하지만 무엇보다 중요한 것은 언제나 나와 함께 일하시는 하나님께서 도우셨기 때문에 어떤 일이든 막힘없이 잘 진행되었다는 것이다. 그 결과 새마을 훈장도 받고 이후로도 계속해서 새마을 강사로서 이곳저곳에 불려 다니게 되었다.

✝ 정착마을 부부들

남녀가 서로 사랑해서 한 가정을 이루고 평범하게 살아가는 모습은 정착마을도 똑같았다. 그런데 부부들이 살다가 부부싸움을 하게 되면 반드시 나를 불렀다. 자기들끼리 해결을 봐야지 왜 나를 부를까 싶다가도 그 사람들의 마음속 정신적인 지주가 나라는 것을 깨닫고 감사하게 생각하고 일단 찾아간다. 그 사람들이 결혼할 때 주례에서부터 내가 간섭하지 않은 게 없었으니까.

결혼주례 뿐만 아니라 모든 일이 내 손과 입과 머리를 통해서 진행이 되었다. 예를 들어서 한 사람이 아프면 병원을 긴급하게 데리고 가는데 어떻게 해서 입원을 하고 치료를 받게 하고 그것까지 계획을 세워야 했다. 자기 혼자서는 안 되니까, 그러니까 다들 나를 믿고 따라올 수밖에 없었다. 노름과 술을 못하게 하느라고 매를 든 적도 있었는데 다들 따라주었다.

그런데 어느 날 형님, 형님하면서 잘 따르던 사람이 술을 잔뜩 먹고 작두날을 가지고 날 찾아왔다. 새마을사업을 할 때였는데 나를 치겠다고 온 것이다. 물론 곧바로 무릎 꿇고 잘못했다고, 다시는 안 그러겠다고 싹싹 빌고 돌아갔지만 말이다.

소록도에서 치료를 끝낸 지체부자유의 노총각이 있었다. 그 총각이 우리 마을에 살러 오겠다기에 반갑게 맞아주었다. 그런데 오라고 하기는 했는데 머물 곳이 마땅치가 않아서 우리 집에서 같이 생활하며 밥도 먹여주고 빨래도 해주고 하였다. 그러던 중에 소록도에서 같이 알던 아가씨가 우리 마을에 왔고 둘은 우리 교회에서 결혼식을 올렸다.

그 가정도 여느 가정처럼 처음에는 서로 안 맞아서 많이 싸웠지만 지금은 경기도에서 아주 행복하게 잘 살고 있다. 나만 보면 친아버지 보는 것처럼 좋아하니까 얼마나 예쁜지 모른다. 그렇게 어렵게 가난하게 살던 이들이 지금 행복하게 사는 모습을 보면 마음이 정말 뿌듯하다.

어떻게 보면 외형적인 지도자가 되는 건 쉬운 일이다. 하지만 두 내외가 사는 방안에까지 가서 지도자 노릇을 해줘야 하는 건 결코 쉬운 일이 아니다. 그들의 눈물을 닦아주고 상한 마음을 치료해주는 일까지 하나님은 나에게 맡겨주신 것이다.

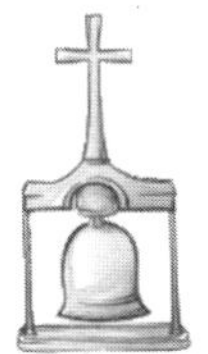

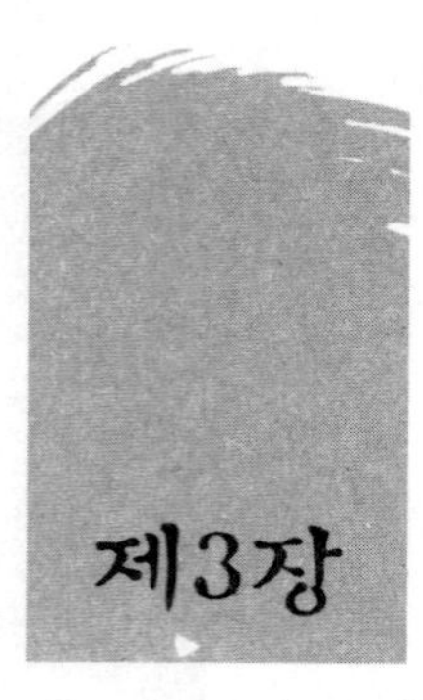

제3장
세상에 내딛 발걸음

† 젊음을 바친 한성협동회

(사)한성협동회〈전 한센연합회〉를 생각하면 내 삶의 영욕이 다 포함되어 있다. 오랜 세월 동안 가장 어려운 때를 관통해 왔기 때문이다. 한국의 한센인들은 일제치하에서부터 흩어져 살았기 때문에 힘이 없었다. 그래서 상조회라는 이름으로 모이기 시작한 것이 자생단체가 되면서 외부로부터의 물리적인 압력이 들어올 때 방패

막이가 되어주기도 하고 내부의 질서도 잡아주는 역할을 하였다.

한센연합회라는 조직을 만든 것은 1987년경이었다. 그때는 정착 사업을 잘 이끌어가서 많은 발전을 이룰 때였는데 그래도 뭔가 조직이 없으면 정부에서도 통제하기가 힘들었다. 그래서 만든 게 한센연합회인데 회원들은 전국에 있는 한센인들이었다. 대의원은 당시에 살고 있던 정착마을 대표들이 맡기로 했다. 그래서 1년에 한 번씩 대의원 총회를 했는데 당시에는 홍보가 덜 되기도 했고 지역사회에 홍보도 해야 해서 총회를 하면 지서장이나 면장을 간곡하게 초청했다. 그때가 1967년으로 새마을 사업을 시작하기 전이었다.

총회할 당시 기억으로는 경상남도 진주와 전주 익산농장에서 총회가 있었고 지금은 없어졌지만 대한화재 앞에 여성회관에서도 총회를 했다. 총회는 회장을 뽑고 임원을 구성하는 의미도 있지만 그 지역사회의 한센병에 대한 홍보를 하는 기회로 삼기도 했다. 그리고 이 총회에서 '한센연합회'를 '한성협동회'로 바꿔 부르기로 결정하였다.

그 일을 계속 해오다가 1975년 2월 13일자로 사회단체로 등록이 허가되었다. 그때부터는 시도지부가 결성이 되었고 당시에 나이가 어려서 앞에 나서지는 못했지만 뒤따라 다니면서 열심히 일했다.

그러다가 70년대 중반에서 80년대까지 전북 지부사무장을 6년 동안 지냈다.

당시에는 시도지부에서 외국의 구호물자를 받았는데 그 일을 브로커들이 하고 있었다. 그 사람들과 연계해서 일을 해야 하고 또 새마을 사업도 해야 하고 각 마을의 경제자립을 위해서 순회 지도를 하면서 축산기술교육도 해야 하는 등 몸이 열 개라도 모자랄 지경이었지만 지부운영을 열심히 해나갔다.

그리고 나서 1981년 10월 1일부터 한성협동회 상무이사로 서울에서 근무를 하게 되었다. 거리질서 확립, 인화단결, 사회단체로서의 조직을 강화하고 또한 중앙정부의 인정을 받아야 예산도 지원받을 수 있고 사업도 진행할 수 있었다.

지금도 시행되고 있지만 1월에는 신년 시무식이 끝나고 4, 5일경에 장관교례회라는 것이 있다. 각 장관들이 단체장들을 불러서 신년인사를 하는 자리인데 회장만 오라는 곳을 기어이 쫓아갔다. 회장이 꼭 같이 가기를 희망하기도 했지만 가면 사진도 찍어야 하고 이쪽 방면의 실무적인 얘기는 장관에게 브리핑을 해야 했기 때문이다.

그렇게 불청객으로 따라다니다 보니 나중에는 초청장 두 장이 주어졌다. 그래서 둘이 다니면서 대정부 건의를 내고 축산 폐수사업이라든가, 생활이 어려우니까 생활보호 대상자 양곡을 받는 일이라든가, 사업을 하나하나 이관을 받아서 정착농원에 예산배정이 적절하게 지원될 수 있도록 많은 노력을 기울였다.

무분별하던 진정 민원을 대행하고 우리 선에서 혹은 지방단체 기관들과 연결해서 해결할 수 있는 건 해결하고 정말로 중앙부처에 갈 것만 선별해서 보내서 정책적으로 그 일을 할 수 있도록 도와준 결과 드디어 한성협동회가 인정을 받게 되었다.

정부에서도 이 사람들을 잘 활용하면 충분히 가치가 있겠다고 인정을 한 셈이다. 그렇게 해서 81년부터 91년까지 9년 반 동안 상무 이사로 열심히 임했다. 그러면서 101군데 정착농원을 한 바퀴 돌고 두 바퀴 돌면서 우리끼리 힘을 모아서 잘 살아보자는 일종의 정신을 바꿔주는 활동을 많이 했다. 그때는 나이가 젊은 때니까 둘이서 교대하면서 처음 출시된 포니왜건을 단속용 차량으로 받고 밤을 새워가면서 돌았다. 경남에서는 강을 건널 때 나룻배에 자동차를 싣고 가곤 했다.

그러는 사이에 회원들도 점차 이 단체가 필요한 거로구나, 내가 어려움이 있을 때 이곳에 의지해도 되겠구나 하고 인정을 하기 시작했던 것 같다.

✝ 사람을 변화시킨 자정운동

초창기 정화사업은 서울시 보건과에서 단속요원들에게 용역을 줘서 일반인들이 단속했다. 그러다보니 한센인들의 인권은 보장받기 어려웠다. 사람을 몇 명 모아서 소록도로 이송을 하는데 비인간적인 대우도 그랬지만 신청서를 주면서 봉투를 쥐어주지 않으면 안 되는 시대였다. 지도급 인사들은 그걸 보고는 견딜 수가 없었다.

그래서 당시 보건사회부에 우리가 하겠다고 제안을 했고 그게 받아들여져서 1975년에 사회단체로 등록이 되었다. 그때부터 정부에서 단속 비용으로 예산을 조금씩 주기 시작했다. 보건사회부에서 할 수 없는 사업을 우리에게 이관해준 셈이다.

그런데 당시에는 정착마을마다 살기 어렵고 힘드니까 정부에 진정서를 얼마나 많이 냈는지 모른다. 중앙부처 민원실에 접수가 되면 총 7군데를 거쳐야 종결처리가 되다 보니 사무관이나 담당서기들이 그 몇 건 들어와 버리면 한 달 내내 그거 처리하느라고 다른 업무를 못할 지경이었다.

1981년 10월 1일 날짜로 내가 상무이사 직함을 받고 서울에 올라왔을 때 정기석 회장님과 제일 먼저 착수한 것이 우리도 사람다운 사람이 되어보자는 정신교육이었다. 당시에 정착마을이 101개 정도 있었는데 날마다 순회하는 것을 잊지 않았다.

주민들을 모아놓고 우리 이렇게 한 번 잘살아보자, 우리는 비록 한센병 때문에 가난에 찌들어서 인간 이하의 대접을 받고 살지만, 열심히 돈 벌고 자립해서 이 불행을 우리를 마지막으로 끝내야 한다고 열심히 목이 쉬어라 호소했다. 우리 후세들에게는 이런 환경을 넘겨주지 말자. 질병으로 말미암아 모든 것을 넘겨줘서는 안 된다. 그래서 언젠가는 우리 자녀들로부터 우리 부모는 진짜 자랑스럽다, 훌륭하다는 말을 들어봐야 하지 않겠느냐고, 우리 스스로 자정운동을 해보자고 설득해 나갔는데 그게 우리나라의 정착사업의 효시였다.

정회장님과 내가 돌아다니면서 계속 교육하고 사무실에서는 선도요원이 있어서 단속을 이어나갔다. 그러다가 1980년대 중반쯤 되니까 새마을 사업 이후로 대한민국의 GNP가 높아지기 시작했다. 나라가 잘 살면 소외계층도 덩달아 잘 살게 되는 법이다.

하지만 우리는 특별했다. 다른 계층의 사람들이 우리처럼 보는 앞에서 동료들을 반 강제로 잡아서 보내지는 않았으니까. 그건 우리 스스로가 맡아서 감당했다.

그 결과 서울 시내에 거리를 배회하며 부랑하던 한센인들이

1980년대 중반 이후부터 서서히 줄어들기 시작했고 보건사회부나 정부 각 기관에 진정을 내는 일들이 자정운동을 통해서 급속하게 감소했다.

물론 우리가 앞에서 말로만 떠들고 뒤에서 팔짱만 끼는 짓은 절대 하지 않았다. 동료들이 우리를 뒤이어 계속 돌면서 단속을 해나간 덕분이었다. 무엇보다 101개 정착농원 중에 84곳에 교회가 있고 나머지는 성당이 들어섰다. 모두 교회를 다니면서 사람들이 변화하고 결국 배회하는 사람들은 완전히 사라지게 되었다.

✝ 작은 정성 감동 백 배

마을 사람들 앞에서 특정한 누군가를 편애하는 건 나중에 반드시 불화가 생기기 마련이다. 명색이 앞에서 사람들을 이끌어가는 지도자인데 만약 그런 일이 발생한다면 누구에게도 덕이 되지 않는다. 그런 탓에 마을 사람들 모두에게 따뜻하고 공평하게 대하려고 노력했다. 다행히 나를 보면 다들 좋아하기도 했고.

그중에서도 가장 기억에 남는 마을사람이 있다. 새마을 사업을 할 때가 1972년도였는데 전라북도 도지사가 마을을 찾아왔다. 우리 마을은 너무나 가난해서 돼지든 소든 키울 형편이 못되었다. 당시에 정부에서 값싼 융자를 지원해주면서 소를 키울 수 있도록 해줬는데 어차피 돈이 없어서 소는커녕 돼지새끼도 키울 형편이 못되었다.

그때 도지사가 왔을 때 울면서 새마을 사업에 대해서 눈물의 브리핑을 했다. 그러면서 소 10마리만 달라고 부탁했다. 어느 도지사가 와서 그걸 보고 안 주고 그냥 가겠는가?

하지만 시기적으로 전년도 예산이라 이미 전라도에 다 배정이 끝난 상태라서 남은 소가 있을 리가 없었다. 그런데도 그 다음날부터 날마다 축정과에 가서 담당자인 박과장에게 이야기를 했다. 도지사님이 거짓말 하겠느냐고 막 붙잡고 늘어졌다. 그래서 결국 소 자금으로 1마리당 15만원씩, 10마리니까 150만원을 받았다.

그 돈을 받고 신청자들에게 무작정 나누어주지 않고 일단 농협에 예치해 놓았다. 왜냐하면 소 살 돈을 다른 곳에 써버릴 테니까. 그때는 하라고 해도 빚이 무서우니까 생각보다 많이 신청을 하지 않았지만 어쨌든 신청자 열 사람을 뽑았다. 먼저 2만 원으로 우사를 짓도록 하고 우시장에 새마을 지도자와 신청자들이 함께 갔다. 돈은 내가 가방에 짊어지고 가서 소를 흥정해서 계약금을 걸었다. 당시에 중계인하고 흥정을 해서 수수료를 축협 직원한테 넣어주면 거래매매 계약서를 쓰고 전표를 떼어주는 방식이었다. 그걸 가져오면 돈 13만원을 내주었다.

신청인들 중에 남편은 한센인이고 부인은 건강인인데 남편이 아프니까 소록도에서 치료를 받게 하고 나중에 가족이 다 우리 마을에 살러 온 가족이 있었다. 그 남편 성이 조씨였는데 소값 13만원을 줬더니 손을 덜덜 떨면서 돈을 세지 못했다. 자기 평생에 처음 만져보는 거금이었던 것이다. 그렇게 해서 신청자 열 명이 모두 소를 사게 되었고 그때부터 마을에서 축산을 시작하게 되었다.

축산을 시작하고 나서 얼마간 시간이 흘렀을 때인데 집에서 잠을 자고 있는데 누가 와서 문을 똑똑 두드렸다. 문을 열어 보니 한 아주머니가 왔는데 손에 꾸러미가 들려 있었다. 그게 뭐냐고 물었더니 소를 키워서 팔았더니 돈이 남았다고, 너무 감사하다는 인사를 하러 오신 거였다.

조심스럽게 내민 그 선물에 마음이 찡하게 아려왔다. 사이다 한 병과 땅콩 알사탕을 사가지고 온 것이다. 그걸 받았을 때의 감동을 지금도 잊을 수 없다. 지금도 살아계신데 나만 가면 그렇게 반가워할 수가 없다. 일을 하다 보면 어려운 일도 많지만 이렇게 작은 정성에 지난 날의 어려움을 한꺼번에 보상받을 때면 감동과 기쁨이 두 배가 되고도 남는다.

✝ 장학금으로 키운 아이들

당시 우리 마을에는 35세대의 가구가 존재했고 전체 인원은 125명 가량이었다. 우리는 함께 힘을 합쳐 일을 하고 돈을 모으고 하면서 조금씩 경제적으로 자립해가고 있었다. 그랬더니 우리들을 멀리한 채 지냈던 가족, 친척들이 찾아오기 시작하는 것이었다.

심지어는 우리에게 돈을 빌려달라면서 오는 사람들도 있었고 외부 사람들이 우리 마을에 와서 축사 관리 등의 일을 하면서 돈을 벌게 되기도 했다. 그렇게 시간이 흐를수록 외부 사람들이 하나 둘씩 들어오더니 우리 마을에 동화되기 시작하였다.

그렇게 경제적인 문제가 안정적으로 해결되어가기 시작하면서 중요한 문제로 떠오른 것은 단연 교육에 관한 것이었다. 우리 마을에는 분교밖에 없었고 아이들이 제대로 교육을 받기에는 열악한 환경일 수밖에 없었다.

학교에는 선생님이 두 분 밖에 안 계셨기 때문에 아이들 하나하나를 세심하게 신경써가며 지도하기에는 역부족이었다. 한 번은 운동회 때 우리 마을 아이들이 운동장을 한 바퀴 돌아야 하는데 출발하여 트랙을 돌아가 교문이 보이니까 밖으로 뛰어 나가버리는 것이었다. 알고 보니 분교에는 운동장이 없어 달리기 연습을 못했기 때문에 어떻게 달리기 시합을 하는지 알지 못했던 것이다. 그것을 본 학부모들은 가슴이 무너지는 것만 같았다. 그만큼 선생님들이 학생들 모두를 신경 쓰기는 무척 힘들었던 것이다. 그래서 우리 아이들이 받을 수 있는 학비보조금은 그 무엇보다도 중요했다.

여기서 잠시 정착복지관 관장이었던 현재 YFU 신정하 회장의 이야기를 빼놓을 수가 없다. 그때는 당국에서 그저 시키는 대로 해야만 했던 시대였는데도 그는 각 마을에 자치권을 주어 한센병력자들로 하여금 마을 대표를 할 수 있게 해 주었다.

그 당시에 미국의 월드비전에서 주는 장학금으로 정착농원에 있는 어린이 3,400명에게 아이들 1명당 7달러씩 주면서 교육을 받게 할 수 있었다. 우리 농장에도 30~40명의 아이들이 있었는데, 이 아이들의 학비보조를 받기 위해서는 한 달에 한 번씩 서울을 왔다 갔다 하며 마을 대표들이 교육을 받아야 했다. 그때 서울에 올라오면 정착마을을 담당하는 부서의 이름이 정착복지관이었다.

그전까지만 해도 정착농원 원장은 일반 사회사업가들이 맡았는데 신정하 회장은 처음부터 관습을 깨고 농장병력자 대표 33명을 정착복지관 대표로 뽑아서 교육을 시켰다. 하지만 우리가 배운 게 없는 데다가 미국 사람들 돈을 받으려니 얼마나 행정을 치밀하게 해야 하겠는가?

한달 동안 결산보고서 만들고 사업계획서 짜야 하고. 그것도 그냥 만드는 게 아니라 6하원칙에 맞는 영수증을 제출해야 하고 사진도 첨부해야 미국에 있는 후원자들에게 보낼 수 있었다. 그걸 교육받는데 정말 죽을 고생을 하면서 배웠다.

1박 2일 과정으로 서울에 올라오면 첫날 모여서 서류심사를 마치고 다음 날은 예배를 드리고 1시간 정도 일반상식에 관한 강의를 들었다. 그 교육을 자그마치 20년 동안 받은 것이다. 그래서 우리는 정착복지대학이라고 부른다. 그렇게 받은 장학금으로 수십 년 동안 불우한 아이들에게 교육의 혜택을 제공할 수 있었다.

그때 대표로 같이 활동했던 사람들이 이 시대의 혁혁한 지도자들이 되었고 그때 장학금을 보조받은 아이들이 이제는 40대 중반 혹은 50대가 된 사람들도 있다. 지금도 그 뿌리가 이어져 있어서 만나면 그때 얘기들을 서로 추억하곤 한다. 또한 그 뜻을 기려 장학회를 만들어서 지금도 장학금을 지급하고 있다.

어느 날 어떤 젊은 목사님이 와서 감사의 뜻을 전했다. "제가 신학교 다닐 때 장학금 받아서 목사가 된 사람입니다."

그런 말을 듣는 날이면 마음에서 샘솟는 기쁨이 이루 형언할 수 없다. 현재는 지원금이 많이 줄어들어 예전만큼 활발하게 많은 학생들을 대상으로 장학금을 지급할 수는 없지만 이 지원활동은 앞으로도 계속될 것이다.

† 위기의 순간

지금까지 일을 추진하면서 아찔한 경우도 꽤 있었다. 그중에서 가장 기억에 남는 일은 경기도 인근에 있는 한 마을에 단속을 나갔을 때다.

내가 상무이사로 있을 때 어떤 농장에 일이 생겨서 다른 2명과 함께 셋이 단속을 하러 나갔다. 물론 그 사람들도 먹고 살기 위해서 한 일이다. 그때만 해도 국유지를 밀고 개간을 하곤 했는데 그러다 보니 단속하는 공무원들과 문제가 생기고 말았다. 그때 먹고 사는 문제가 달려 있다 보니까 농장에 있는 몇 몇 사람들이 거칠게 나왔던 모양이다. 어떻게 해서든 그곳을 지키려고 치외법권적인 행동을 했었던 것이다.

그래서 우리 셋이 마을 사무실에 들어갔더니 나무를 잘라다가 몽둥이를 만들어서 벽에 죽 세워놓았다. 벌써 예감이 살벌했다. 그때 이미 장로였을 때인데 마음속으로 기도를 드리고 신경을 바짝 곤두세우고 대화를 나누기 시작했다.

바로 그때 상대방이 외치는 소리가 들렸다. "야, 시작해!" 그렇게 외치는데도 덤비는 사람이 없었다. 그들 역시 쉽게 일어설 수 없었던 것이다. 당시에 나만 해도 83kg까지 나갔던 데다가 더구나 옆에 둘이나 있으니까. 그런데 누가 옆에서 탁 쳤다. 하지만 같이 치면 지는 거다. 내가 더 많이 지는 거다. 어른과 애들이 싸우는 격이니까.

지도급 인사가 정화하러 갔다가 같이 혈기를 부리면 안 된다는 걸 누구보다 잘 알고 있었다. 그때 그 혈기를 가라앉히게 순화작업을 해주신 분은 따로 계시다고 생각한다. 그 덕분에 믿음으로 이겨내고 잘 마무리를 할 수 있었다. 대화로 이야기를 잘 풀어나가는데 감사한 건 하나님께서 내가 대화할 수 있는 은사를 주셨다는 점이다. 자칫 잘못했으면 그 자리에서 집단폭행을 당할 뻔했다. 그 사람들은 우리가 들어올 때 이미 준비를 하고 있었으니까.

이 책에는 다 기록하지 못할 수많이 일들이 그렇게 쌓이고 쌓여서 지금의 가나안 복지가 탄생했다. 일일이 다 공개를 할 수는 없지만 그런 가운데 부지런히 잘 가꾸고 열심히 산 덕에 지금은 잘 사는 사람이 참 많아졌다.

나도 돈을 벌 수 있는 기회는 얼마든지 있었지만 내가 돈에 눈이 멀게 되면 하나님이 같이 망신을 당해야 하기에 늘 신중할 수밖에 없었다. 그리고 지도자가 바르지 못하면 누구에게 바르게 하라고 이야기할 수 있겠는가? 지금도 항상 내 위치가 있기 때문에 조심하며 살고 있다. 우리 성도들이 지금도 장로를 바라보고 있는데 일상 생활에서 본이 되어야 할 것 아닌가. 말도 조심하고 어떻게 보면 연예인들보다 더 조심하고 사는 것 같다. 그래서 처음에 장로를 하라고 할 때도 자신이 없어서 3년 동안 미뤘었다.

1961년, 22살 때부터 지도자 노릇을 해왔던 탓에 지금까지 한 번도 내 스타일대로 살아보지 못했다. 그것은 아내한테 역시 고마운 부분이기도 하다. 젊은 시절부터 지금까지 한성협동회, 농장, 해외 선교 사업 한다고 밖으로 돌아다녀도 군소리 없이 너무나 잘 따라 와 준 착한 나의 아내. 본인이라고 한 번 나가서 마음껏 놀고 싶은 마음이 왜 없었겠는가.

하지만 언제나 자신의 생각에 앞서 내가 필요한 것이 무엇인지 부족한 것이 무엇인지 늘 섬세하게 배려해 주는 아내의 모습에 나는 날마다 감동한다.

† 눈물과 땀으로 일군 사료공장

내가 정착 농원 대표로 일을 시작했던 때가 20대 초반이었는데 지금 생각하면 너무 어리고 미숙한 나이였다. 하지만 그 일을 통해서 나는 더욱 많은 사람들에게 알려지고 인정을 받게 되었다. 나조차도 알 수 없었던 잠재된 능력이 내 안에서 흘러나와 실로 많은 일들을 수행할 수 있었던 것은 모두 하나님께서 나와 함께 하셨기 때문이다. 뿐만 아니라 나를 살리시고 또 많은 은혜를 주셨기 때문이라 생각한다.

22살 무렵부터 정착 농원 대표로 일을 시작해서 전라북도 한성 협동회 사무국장으로 6년 정도 일을 했더니 사회에서 인정을 받는 존재가 되었다. 이후 사단법인 한성협동회 상무이사가 되었고 9년이 지나고 회장이 되었다. 이러한 모든 과정이 하나님께서 나를 높여주신 것이라고 굳게 믿는다.

한성협동회 대표로 일하면서 가장 마음이 뿌듯했던 것은 당시 대통령으로부터 사료공장 지원금을 받았을 때다. 사료공장은 대통령의 공약사업이기도 했지만 그 당시 한센인들의 생업이 양계 양돈이었는데 양계의 경우는 전국 계란 생산량의 25%를 점유할 정도였으므로 저렴한 사료를 사용하기 위해서는 사료공장이 꼭 필요했었는데 우리로서는 상상할 수 없는 90억이라는 큰 돈을 지원받았기 때문이다.

한번은 노태우 대통령을 접견할 기회가 있었는데 마침 나는 그와 마주할 수 있는 자리에 앉아 있었다.

그런데 다른 많은 사람들에게는 발언과 질문의 기회가 계속 주어지는데 나에게는 그럴 기회가 좀처럼 없었다. 처음에는 내게 발언의 기회를 준다더니 무슨 이유에서인지 질문을 하기 직전에 그 기회를 박탈당하기도 했다. 나는 그대로 있을 수가 없었다. 대통령을 향하여 긴히 할 이야기가 있다며 벌떡 일어나 큰 소리로 외쳤다. 그리고는 우리 마을과 사업에 관한 제의를 일목요연하게 정리해서 이야기를 했다. 그 결과 나는 아주 당연하게 그 사업을 위한 처리 자금을 얻게 되었고 또 지원을 요청할 수 있었다.

당시에 우리 정착 농원에서 생산되는 계란이 전국 생산량의 25%를 자치했다. 그때 사료가 무척 비싸던 때였는데 다른 지역의 사람들이 우리 마을의 사료공장 사업에 대해 못마땅해 했다. 그럼에도 불구하고 우리 마을의 사료공장은 손익분기점을 넘길 만큼 잘 운영되었다. 당시 우리가 함께 운영했던 한성사료공장의 한 달 생산량은 1만 톤이나 되었다. 나중에 30만 톤의 생산량을 넘겼을 때는 고난극복 기념비를 세우기도 했다.

한센병 환자들로 이루어진 정착 마을이 처음에는 가난하고 미약하기만 했는데 하나님께 우리 가운데 함께 하셨기 때문에 그 어느 곳보다 건강하고 살기 좋은 마을로 거듭날 수 있었던 것이라 생각한다. 우리가 하나님 안에서 하나가 되지 못했다면 함께 기도하는 사람이 되지 않았다면 그런 기적은 절대 일어나지 못했을 것이기 때문이다. 하나님께서 우리와 함께 계심을 느끼고 힘을 합쳤기 때문에 그 큰 은혜와 사랑을 누릴 수 있었다고 굳게 믿는다.

✝ 연매출 300억이 되기까지

1992년 노태우 대통령의 임기가 끝나기 전년도에 드디어 대망의 사료공장이 준공되었다. 그때 준공식을 하고 나서 국민훈장도 받을 수 있었다. 그런데 준공식을 하기는 했지만 벌판에 건물만 하나

지어놨지 운영자금 같은 건 정부에서 한 푼도 받지 못했다. 내가 경영학을 전공한 것도 아니고 축산학을 전공한 것도 아닌데 한 사람, 두 사람 직원으로 데려다가 일을 같이 할 수밖에 없는 상황이었다.

그 동안에 어려웠던 점은 이루 말할 수 없다. 당시에 우리나라에 사료공장이 80군데가 넘었는데 삼양사, 제일제당, 퓨리나 등 쟁쟁한 재벌기업들의 계열사였다. 그런데 맨손으로 왕무식쟁이들이 시작하는데 게임이나 되겠는가. 그래서 처음에는 다들 우리를 비웃었다. 한성사료공장 한 달이나 가나 보자고.

하지만 우리는 막대한 시장이 있었다. 양계를 가장 많이 할 때는 우리나라의 25%의 계란을 생산했으니까. 이건 정말이지 대단한 물량인 거다.

대한민국에서 생산하는 계란의 4분의 1이라면 천문학적인 숫자임에 틀림없다.

게다가 돼지와 소도 함께 기르고 있으니까 두려울 게 없었다. 처음에는 꺼려하던 사람들이 정직하게 생산해서 우량상품을 제값에 내놓으니까 나중에는 트럭을 가지고 와서 서로 가져가려고 줄을 서는 일까지 생겼다. 그래서 단골을 잡아놓고 일을 할 수 있었다.

물론 잘 안 될 때는 물건이 안 팔려서 재고로 쌓일 때도 있었다.

비싼 사료가 한 포대 기준으로 25kg에 7천 원 할 시기였다. 공장에서 사료를 생산해서 팔아야 하는데 은행에서 지급보증을 해주면 원료를 3개월 동안 외상으로 가져올 수 있었다. 다행히 3개월이라는 기간을 벌긴 벌었는데 그 기간 안에 어떻게 해서든 현찰을 받고 팔아야 할 입장이었다.

현찰 거래를 하면 25kg 짜리 1포대에 천원이나 차이가 나는 돈이었다. 그러면 1년에 몇 백억 차이가 나는 금액이었다. 하지만 자금이 없으니까 어쩔 수가 없었다. 그래서 농장을 돌아다니면서 직접 이야기를 했다. 이건 사료를 생산하는 공장이 아니라 세계 1600만명 한센인들의 자존심이라고, 이 공장이 성공하고 잘 돼야 우리가 사람 대접을 받을 수 있다고. 만약 실패해서 문을 닫아버리면 한 달도 못 갈거라고 코웃음치고 있는 저 사람들의 콧대를 누가 꺾겠느냐고 호소했다.

또한 자녀들이 대대적인 양축을 하는 사람들이어서 청년들 30~40명 불러 모아놓고 사료 홍보도 아끼지 않았다. 그렇게 해서 한 달 생산량을 최고 1만톤 이상까지 끌어올렸던 것이다. 이때 매출액이 300억이었다. 다른 곳에서는 이 한성 사료공장을 태풍의 눈이라고까지 이야기를 했었다.

일이 이렇게 돌아가자 사정이 예전과는 180도 달라졌다. 이제는

다른 사료를 사서 비싸게 팔아먹던 것을 우리한테 맞춰서 팔아야
만 하는 것이다. 이 사업을 통해서 호언장담한대로 직간접적으로
얻을 수 있는 혜택이 굉장히 많았다.

돌아보면 감개가 무량할 수밖에 없었다. 한 때의 거지가 한 회사
의 사장이라는 위치에 올랐으니까. 물론 부도나는 어음도 많고 외
상 사료 값도 많이 밀려있었지만 잘 돌아갔다. 그렇게 8년 동안 잘
운영하다가 2000년 4월에 은퇴하면서 모든 것을 후임 회장에게
넘겨주고 나왔다.

✝ 새마을훈장과 국민훈장을 받다

사료공장을 눈물과 땀으로 일궈낸 공로를 인정받아 나는 새마을
훈장과 국민훈장을 받을 수 있었다. 사료공장을 나랏돈으로 꾸리
고 키울 수 있었던 것도 감사한데 그것이 잘되어 훈장까지 받게 되
었던 것은 기적에 가까운 일이다.

그만큼 새마을 훈장과 국민훈장을 동시에 받는 건 쉬운 일이 아
니었다. 새마을훈장은 새마을사업을 잘 일궈낸 공로를 인정한 것

으로 1981년도에 당시 대통령에게 받았다.

당시에 새마을 지도자들이 1년에 1번씩 모여서 성공사례를 발표하는 대회를 가졌는데 남원시와 전라북도에서 1등을 차지했다. 또한 그때 내무부에서 치른 1차 대회에서도 순위 안에 든 덕분에 전국에서 여자 지도자 10명, 남자 지도자 10명, 이렇게 20명이 나가는 최종결선에 들어갈 수 있었다.

전라북도 지도자가 나 외에도 다른 한 명이 더 있어서 수원에 있는 새마을 연수원에서 방을 같이 썼는데 그 사람은 밤새도록 원고를 외우는 거였다. 그래서 이튿날 아침에 일어나서 왜 그렇게 밤을 새워서 외웠느냐고 물어보니까 정상권 지도자는 모르느냐, 우리는 이미 여기서 훈장을 받게끔 되어 있지만 더 잘하면 대통령 앞에 가서 발표를 할 수 있다는 것이다.

나는 그런가 보다 하고 순서가 되어 단상에 나가서 준비한 발표를 시작했다. 예전에는 공무원들이 대신 원고를 써주면 그걸 외워서 발표했었지만 나는 내가 했던 사례들을 숨김없이 얘기했다.

차례가 끝나고 나서 단상에서 내려와 보니 그 사람은 실망의 기색이 역력했다. 내가 분위기를 너무 고조시켜놓아서 자기는 아무리 잘 해도 그 점수를 받기는 어렵겠다는 것이다. 아니나 다를까, 나 하나만 당선되고 나머지는 다 떨어졌고 결국 내무부에서 하는 최종심사에까지 나갈 수 있었다.

하지만 공교롭게도 당시 새마을사업의 방향을 농촌에서 도시로 전환시키는 시기였다. 어느 정도 농촌은 기반이 다져졌으므로 시선을 도시로 돌린 것이다. 그러니 도시 새마을 지도자가 일등으로 뽑힌 것은 당연한 일이었다. 결국 다른 지역의 지도자가 뽑히고 대회가 끝나고 내려가 보니 남원시는 물론 전라북도에서 크게 기대를 했다는 것을 나중에 알게 되었다.

전국대회에서 우승해서 대통령 앞에 가서 발표할 수 있는 일등이 하나 나오나 보다, 새마을 지도자가 나오는가 보다 하고 나름 기대를 걸고 있었던 것이다. 아마도 하나님께서 교만해질까봐 거기서 정지시키신 게 아닐까 짐작해 본다.

그때 받은 새마을 훈장으로 전라북도에서 새마을 강사로 인정을 해주었고 여러 모임이 있을 때마다 다니면서 성공사례를 발표할 수 있었다. 개인적으로는 훈장을 받는 영광을 안았고 마을 역시 덩달아서 유명해졌다.

이후에 노태우 대통령을 접견하고 나서 사료공장 예산을 받아서 공장을 무사히 운영할 수 있었다. 너무나 어려운 고비들이 많아서 일일이 열거할 수 없을 정도다. 하지만 땀의 수고는 반드시 열매를 맺기 마련이다. 공장을 짓고 준공식을 하면서 한센 병력자로서 한

센인 개발사업과 국가의 보건 분야 부분에 공이 많다며 국민훈장
을 받았다.

　새마을훈장과 국민훈장, 이 훈장들은 지나온 젊은 날의 열정에
대한 보상이라고 생각한다. 하지만 만약 나 혼자 만의 힘이었다면
절대로 불가능한 일이었을 것이다. 모두들 감사하는 마음으로 열
심히 일을 해서 이룩한 성과였기에 내 삶 속에서 가장 빛나는 순간
으로 기억되고 있다.

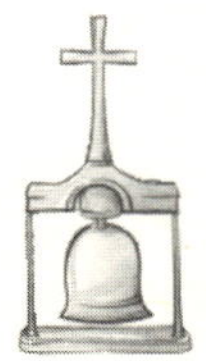

한센병, 짧지 않은 이야기

한센병(Hansen's disease)은 1871년, 노르웨이 의사였던 한센
(Gerhard Henrik Armauer Hansen, 1841~1921)이 나환자의 나결절의
조직에서 결핵균 비슷한 세균이 모여 있는 것을 발견한 것에서 그 명칭이
유래되었다. 최근 완치율 100%의 병이 됨으로써 '나병'을 '한센병'이라
고 바꿔 부르는 운동이 진행되고 있다.

†† 한센병의 발병과 치료

한센병은 과거에 문둥병이라고 하여 아주 흉칙한 병이며, 무서운 전
염력의 치료가 불가능한 병으로 인식되어 왔다. 그러나 현재에는 치
료 약제의 발달과 함께 이 질환에 대해 많은 연구가 진행되고 있다. 우
리나라의 경우 1950년대부터 현재까지 약 60년 만에 한센병 문제가
완전히 해결되었다는 것을 미리 밝혀둔다. 한센병은 개인에 따라 면

역력이 크게 차이를 나타낸다. 면역력이 0인 사람 100인 사람 등으로 서로 다르며 면역의 정도에 따라 발병과 증상 및 질병의 진행에 차이가 있다. 일단 한센병에 걸리면 말초신경마비, 눈썹탈락, 피부반점 등의 증세를 나타내며, 심해지면 신경의 무감각증, 근육 약화 등의 증세가 나타나게 되고 심지어는 손, 발이 잘려나가도 인식하지 못하는 신경마비로까지 발전하게 된다.

원인균의 잠복기는 불과 몇 개월로부터 길게는 40년까지 일정치 않게 나타나며, 전 연령층에서 발병되지만 주로 10~20대에서 발생률이 높은 것으로 알려져 있다. 또한 성별에 따른 발생빈도도 발생지역마다 차이는 있지만 일반적으로 여성에 비해 남성이 2배 정도 발병률이 높은 것으로 보고되어 있다. 한편 다른 전염병처럼 한센병 역시 균이 감염되었다고 모두 질병 증세를 나타내는 것은 아니다. 사람들마다 한센병균에 대한 감수성은 다르므로 발병에서도 차이를 나타내게 된다. 이때 영향을 주는 주요인자로는 유전인자, 감염경로, 감염횟수, 영양상태 등이 고려되고 있다. 한센병의 치료는 WHO의 경우 나종나는 3중 복합요법(DDS, RMP, B663)으로 1~2년 결핵양형나의 경우 2중 복합요법 (DDS, RMP)으로 6개월이 걸린다. 한국의 경우 균이 음성반응을 보일 때까지 무료로 치료하고 이후 마무리 치료 2년 또는 6개월간 치료한다.

✝✝ 한센병자에 대한 시선

지난 세월 수많은 환자들의 재활의지와 의료진의 헌신적 노력, 정부와 민간단체의 노력에 의하여 우리나라는 한센병이 더 이상 중요한 보건문제가 되지 않는 단계를 넘어 이제는 퇴치완료의 단계에 이르렀다.

그러나 '한번 한센병 환자이면 영원한 한센병 환자가 된다'는 생각들이 만연하고 있어 한센병 극복에 어려움을 겪고 있다. 한센병은 환자들이 보기 흉한 모습인 데다 일제시대의 강력한 격리정책으로 인해 일반인들의 뇌리에 부정적으로 강하게 각인되었다.

무엇보다 사람들은 한센병이 유전병이며, 완치가 불가능한 병이라고 잘못 알고 있다. 실제로 1940년대 초반까지만 해도 한센병은 한번 걸리면 약이 없는 병이라고 일반인에게 알려졌다. 그렇기에 일제는 1916년 소록도에 환자를 격리시키고 결혼을 앞둔 여자들에게는 낙태수술을, 그리고 남자들에게 정관수술을 시행하면서까지 한센병자들이 아이를 낳지 못하도록 했다.

하지만 유전의 문제는 1873년 노르웨이 의학자 한센에 의해 잘못된 인식이라는 것이 증명되었고, 더욱이 1943년 디디에스(DDS)라는 약이 개발되어 1950년대 중반 이 약이 대중적으로 보급돼 전염성이 극히 낮아졌음에도 이들에 대한 편견은 쉽게 사그라지지 않았다.

여기에는 한센병 환자들에 대한 편견 해소에 적극 나서지 않았고 오히려 한센병 2세들까지 '미감아'로 분류, 관리해온 정부에도 적지 않은 책임이 있다고 할 수 있다. 세계에서 환자들이 완치된 뒤에도 평생 관리하는 나라는 일본과 우리나라 밖에 없다는 것이 하나의 예가 될 수 있을 것이다.

다시 한 번 강조하지만, 나균에 노출되더라도 면역이 강한 사람은 절대로 발병하지 않는다. 면역이 적당한 사람은 발병 후에도 자연 치유되는 경우도 있다. 면역이 약한 사람 중에 생균에 노출되면 발병할 수도 있으나 생균은 항나제(Rifampicin)를 1회 복용한 후 3일이면 사멸되어 죽은 균이 되므로 치료중인 모든 환자는 생균을 갖고 있지 않으니 전염원이 될 수 없다. 하물며 오랜 기간 치료받아 치유된 한센인에게는 생균을 찾아 볼 수 없으므로 우리나라에서는 생균을 찾기가 힘든 상태이다. 그럼에도 잘못된 인습으로 인해 육체적인 질병은 치료가 끝나고 의학적, 법적으로 건강한데도 흉터만 보고 차별을 하기도 한다. 그것은 한센병력자들의 마음에 커다란 아픔과 상처를 줌으로써 완전한 사회복귀에 어려움을 겪게 만든다.

그러므로 우리 모두는 그들을 도와주며 예수님처럼 사랑을 베풀어 복된 삶을 살아가게 해야 할 것이다.

†† 병력자로서의 삶의 고통

대부분의 환자들은 한센병으로 진단 받는 그 순간에 충격을 받게 된다. 한센병에 대해 일반적으로 가지고 있는 편견이 뇌 깊숙이 자리한 금기 중의 하나이기 때문이다. 특히 한센병과 관련된 것이라면 이웃은 물론이거니와 형제와 일가친척까지 멸시하는 눈길을 보내기 일쑤다. 그런 따가운 시선을 못 견뎌 십중팔구는 집을 나와 방랑의 길을 걷게 되는데 운이 좋은 경우에만 요양소에 머물 수 있다.

사회적 냉대 속에서 한센가족들은 인권에 심각한 침해를 당하기도 했고 집단이기주의에 희생양이 되기도 했다. 그들을 향한 그러한 편견과 불신이 오늘에까지 이어져 오고 있는 것은 아닌지 깊이 반성할 필요가 있다.

매년 20여 명의 신환자가 생기고 생존한 사람들 중 한센병 병력이 있는 중앙등록자가 1만 7천여 명이지만 대개는 이 병이 국내에 존재하는지도 모르고 있는 상태이다. 대부분의 사람들이 한센병에 대하여 잘못 알고 있기 때문에 공포와 불안을 겪게 된다. 이것은 성경에 기록되어 있는 병, '천형병'이라는 잘못된 인식에서 온 것이다.

한센병이 문둥병, 나병에서 현재의 용어로 변천해 왔듯이 이 사회의 한센병에 대한 인식도 많은 변화를 가져오고 있는 것이 현실이다. 그

럼에도 각종 매스컴이나 언론의 왜곡된 보도나 표현이 전체 한센가족
들의 마음을 슬프게 하고 좌절케 하는 경우가 너무나 많아 그것이 안
타까울 뿐이다.

한센병은 더 이상 의학적 병뿐만은 아니다. 얼마든지 치유 가능하고
회복 후에는 사회에 복귀하여 정상인들과 똑같은 삶을 영위할 수 있
다. 다만 문제는 한센병이 사회적인 병이라는 것이다. 그들이 아무리
다 나았다고 정상이라고 외쳐대도 사람들은 거부한다. 정신분열증을
비롯한 정신과 질환을 겪었던 사람들이 사회의 낙인으로 인해 환자의
정신이나 신체의 회복 정도와는 별개로 일상적 사회생활로 복귀가 어
렵듯이 말이다.

몇 년 전에도 '한센병 특별법'의 제정을 위해서 한동안 시끌벅적 했
었던 기억이 난다. 더 이상 옛날처럼 당하고만 있지는 않을 것이라는
사회에 대한 용기 있는 외침이라고 생각한다.

그동안 사회의 편견과 가난 속에서 삶을 이어가는 한센인들이 사회
와 정부를 상대로 벌인 인권 침해에 대한 피해 보상 규정을 담은 법 제
정이라는 점에서 볼 때 상당히 의미 있는 일인 것이다. 얼마나 맺힌 것
이 많았겠는가?

우리가 바라는 것은 한센인이라는 높은 장벽을 만든 사람들 스스로
가 그 장벽을 허물어버려야 한다는 것을 깨달아야 한다는 점이다. 정

부의 적극적인 관심 속에서 한센병에 대한 올바른 인식에 대한 홍보
와 한센인들의 삶이 더욱 나아질 수 있도록 도와주는 복지의 개선이
필요한 때이다.

✝✝ 다시 정의내리는 한센병

한센병은 과거 나병 혹은 문둥병이라고 하는 무섭고 흉측한 병이며
가까이하면 옮을 수 있다는 생각을 먼저 했다. 이는 한센병에 대해 잘
몰랐기에 가졌던 편견이다. 현재는 과거의 인식과는 달리 치료 약제
의 발달과 지속적인 연구와 관리로 한센병이 더 이상 두려움의 존재
가 아니다.

한센병은 모니터링 및 예방홍보에 중점을 두는 제3군 전염병이고,
발병시 7일 이내에 신고를 하면 된다. 우리나라의 한센병은 퇴치 단계
를 성공적으로 수행하였으며 더 나아가 박멸 단계를 향해 가고 있다.
이는 한센병에 종사하는 나학자, 연구자들의 일치된 견해임은 물론이
거니와 우리나라가 속해있는 세계보건기구(WHO)의 각종 통계자료에
서도 확인할 수 있는 자료이다.

한센병은 우리나라에서 이미 사멸해 가고 있다. 1970년에는 새로 발견된 환자가 1,292명으로 1천 명을 넘었지만 10년 뒤인 80년에는 499명으로 줄어들었다. 95년에는 94명으로 100명 이하로 감소한 데 이어 2000년에는 78명, 2005년에는 38명으로 급격히 감소했다.

2007년 현재 질병관리본부를 통해 등록된 한센병 환자의 수는 15,239명이지만 그 중 활동성환자는 2.5% 정도밖에는 되지 않는다고 추측된다. 세계보건기구(WHO)는 80년대 중반에 우리나라가 이미 한센병 퇴치에 성공했다고 발표했다.

한센병 퇴치사업에 있어 가장 어려운 문제는 치료기간 및 종료시점 그리고 재발방지를 위한 의학적 입장과 적용이 아니라 한센병 병력자들을 바라보는 사람들의 의식 속에 여전히 한센병은 평생 치료해야 한다는 선입견이 자리하고 있다는 점이다.

†† 존엄성 회복과 인간다운 삶

우리나라는 이제 한센병에 대한 편견과 격리를 넘어서려고 하고 있다. 병력자는 물론이고, 환자들의 단체, 사회 여론을 이끌어가는 언론과 지도층 및 모든 사람들의 적극적인 협조와 정부 관리들의 호응이 절대적으로 필요하다.

이제는 유병율이 얼마이고 신환자 발생율이 얼마나 낮은가를 후진 국들과 비교하는 게 문제가 아니라 병력자들이 한센병에 걸리기 전 단계로 사회복귀를 할 수 있는가와 사회의 모든 시설 각종 학교, 양로원, 직장 등에서 일반인들과 같은 대접을 받을 수 있도록 노력하여야 한다.

한센병 환자들만을 위한 다른 요양소, 다른 시설, 다른 학교, 다른 양로원, 다른 마을을 그대로 이용하는 것은 잠시 일반인들의 눈을 피해갈 수 있을지는 모르지만 일반인들의 머리 속에 깊이 박혀 있는 편견과 한센병 환자들에 대한 격리를 해결할 수 없다.

그런 의미에서 일본의 등풍협회가 최근 수년간 벌였던 사업들은 우리 모두가 눈여겨 볼 만하다. 한센병에 관련한 국가 정책 역시 변화하는 시대에 맞추어서 새롭게 개발되어야 한다. 일본이나 미국의 환자에 대한 처우나 한센병 정책을 주의 깊게 살펴볼 필요가 있다.

그동안 우리나라 환경의 변화를 살펴보면 문둥병으로 호칭했던 과거로부터 이제는 한센병으로 변화되었고 격리수용에서 자가 치료의 형태로 사회로부터 천대와 멸시를 받던 과거에서 안정되고 윤택한 생활을 하게 되었다.

이렇게 발전된 것은 국가적 경제성장과 더불어 환자 스스로의 피나는 노력의 결과라 할 수 있다. 세계에서 유래를 찾아볼 수 없는 성공적인 정착농원의 생성과 경제적인 자립 등 이러한 모든 것이 세계적으로 한센병 조기 퇴치의 모범이 될 것이라 의심하지 않는다.

육체의 질병은 마음을 병들게 하고 마음의 병은 육체를 병들게 한다. 그 모든 질병으로부터 자유롭기 위해 가장 중요한 것은 상처와 아픔으로부터 해방된 강건한 영혼이다. 영적으로 건강한 사람은 병에 잘 걸리지 않는다. 혹시 병에 걸리더라도 믿음으로 의지로 거뜬히 이겨내게 된다.

이 세상의 모든 사람들은 병자와도 같은 존재이다. 어느 누구나 상처와 아픔을 안고 살아가기 때문에 모든 사람들을 고치시는 하나님의 손길이 필요한 것이다. 하나님께서 한 영혼 한 영혼을 깊이 만나 주시고 기적을 베풀어 주실 때 인간은 비로소 온전해질 수 있는 것이다.

나는 한센병 사역 속에서 언제나 그런 하나님을 기대한다. 육체의 질병뿐만 아니라, 영혼 깊은 곳의 질병까지 다 치유하시는 하나님의 역사를 기대한다. 그리고 하나님은 매순간 그렇게 일하고 계신다고 믿는다.

✝✝ '한센병'이라고 불러주세요!

내가 중점적으로 활동하고 있는 부분이 용어순화이다. 지금은 장애인 특별법이 제정되어 특정인을 폄하하거나 명예를 훼손하면 법에 저촉이 돼서 제재를 받지만 옛날에는 사정이 전혀 달랐다. 그래서 '문둥이'라는 말을 아무렇지도 않게 사용했지만 당사자들을 소름끼치게 하는 용어였다. 그 용어 때문에 사람이면서도 사람다운 생활을 하지 못하고 그냥 당할 수밖에 없었던 시절, 인권이 얼마나 알게 모르게 짓밟혔는지 이루 헤아릴 수 없을 정도다.

문둥이라는 용어는 한센병이 완치가 어려웠던 병이었을 때의 용어이다. 그래서 용어를 순화하고 이름을 바꿔주려는 운동이 일어났다. 1940년대부터 미국 카빌 요양소에 있는 '더 스타'라는 잡지의 편집장이 먼저 제창하기 시작했는데 그 역시 병력자였다.

결국 이 의견이 받아들여져 WHO에서 학명으로는 '나환자'라고 표기하기로 결정되었다. 그러나 아직까지도 많은 사람들이 '문둥이'와 같은 비하하는 용어를 사용하고 있다.

하지만 엄밀히 말하자면 나환자라는 용어 역시 적절하지 않다. 다시 한 번 강조하지만 그 용어는 한국에서 한센병이 퇴치되기 전에 부르는 용어라는 것을 말해두고 싶다. 파킨슨 씨 병처럼 처음 그 병을 발견한 사람의 이름을 병명으로 부르듯이 노르웨이의 한센 박사가 나병을 발견했으므로 '한센병'으로 부르는 것이 타당하다. 나는 그렇게 불러달라는 요청을 40년 동안 펼쳤다.

발병한 것이 16살 때였고 1955년 무렵부터 한센인 사회에 들어왔다. 이후에 소록도에서 치료를 받고 건강해진 몸으로 나왔으니까 21살 때부터 나병을 한센병으로 불러달라는 운동에 동참을 한 셈이다. 성서공회도 찾아가고 신문사도 찾아가고 방송국에도 찾아가고 목사님들도 많이 만나면서 나환자라는 용어를 바꾸어 달라고 요청해왔다.

당시에 보건복지부 장관이 1년에 한 번씩 한센병 지침서를 만드는데 그때 우리들의 건의사항을 전달하면 타당성을 검토해서 그 다음해 개정하여 지침서에 올려주었다.

그래서 나병연구원 원장에게도 나환자라고 부르지 말아달라고 건의를 한 적이 있다. 환자라는 것은 몸속에 세균이 살아 움직여서 병이 진행되는 현재 앓고 있는 사람이지, 나를 비롯한 한국의 한센 병력자들은 더 이상 환자가 아니라고 말이다.

실제로 대한민국에서 균이 활동하고 있는 신환자들은 10명 이내인데도 총칭 나환자라고 부르는 건 인권을 짓밟는 행위이기 때문에 고쳐달라고 요청한 것이다. 그랬더니 무엇으로 고치면 좋겠느냐고 해서 '한센병'으로 고쳐달라고, 국제적으로 1400만 명이나 되는 병력자들이 이렇게 불리기를 원한다고 간절히 설득했다. 정치가나 사업가가, 연예인들도 개명을 하는데 이 일은 돈이 들어가는 것도 아니고 그저 나병을 '한센병'으로 고쳐 불러 달라는데 무슨 힘이 드는 일이냐고 했지만 당시에는 그것마저도 쉽게 이루어지지 않았다.

나중에 시간이 흘러서 한성협동회 회장을 하고 있을 당시 회장실에 혼자 있는데 이 아무개 담당사무관이 찾아왔다. 원래는 부장을 만나야 하는데 마침 자리에 없었다. 우리를 담당하는 부처이고 내가 이 사업에 30년을 종사해왔기 때문에 접대할 사람이 나밖에 없어서 회장실로 오라고 해서 둘이 마주앉았다.

1시간 정도의 만남이었는데 내가 그 얘기를 꺼냈다. 이제는 정부차원에서 '한센병'으로 고쳐 불러 달라고. 그랬더니 그럼 근거자료가 있어야 한다는 대답이 있었다. 내가 일본에 가서 강연을 할 때 이미 그곳에서는 고쳐 부르고 있었고 무엇보다 일본은 강제수용법을 1996년에 폐지했지만 우리나라는 1963년에 폐지했기 때문에 그 분야에 대해서는 33년을 앞서가고 있었다. 더구나 1996년도에 이미 일본은 용어를 바꾸었는데 우리는 못하고 있지 않느냐고, 그것이 첫 번째 증빙자료라고 이야기를 했다.

그리고 두 번째는 성경에도 나병을 한센병으로 고쳤다는 기록이 있다며 마침 성경을 비치하고 있었기 때문에 그 부분을 펴서 보여주었다. 분명 한센병으로 기술이 되어 있는 부분을 복사해서 자료로 보내주었다.

그게 유효했다. 결국 2000년 7월 1일부터 대한민국의 법이 고쳐졌다. 전염병 예방법에 문둥이가 나병으로 되어 있다가 '한센병'으로 당당하게 고쳐진 것이다. 그 다음부터는 각 기관에 간판도 고쳐지고 모든 용어가 바뀌는 기쁨의 순간을 맛보았다.

물론 용어순화는 거기에서 그치지 않는다. 각 교단 총회나 목사님들, 협회 등에 지금도 끊임없이 이야기를 하고 있어서 그런지 요즘은 이런 일이 없다. 하지만 아직까지도 목사님들이 설교할 때 문둥이라는 용어를 잘못 써서 이미 사회복귀를 해서 열심히 살아가는 사람들의 가슴에 못을 박는 일들이 종종 일어난다. 바라건대 우리 지성인들이나 독자들이나 누구를 막론하고 우리 국민들이 이제는 '한센병'으로 불러주기를 간절히 기대한다.

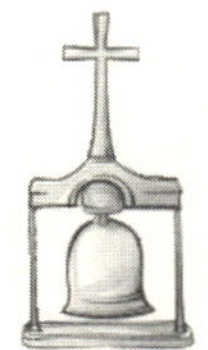

"네 길을 여호와께 맡기라
그를 의지하면 그가 이루시고
네 의를 빛 같이 나타내시며
네 공의를 정오의 빛 같이 하시리로다"

제2부

하나님,
당신을 알았습니다!

- 나는 하나님의 사람 -

제4장
하나님 영접의 시간

† 한하운의 보리피리

나는 한하운 시인의 '보리피리'를 무척 좋아한다. 그의 시 속에
는 한센병 환자로서의 아픔이 노래로 승화되어 있기 때문이다. 시
인 한하운은 시 속에 자기 치유의 과정을 고스란히 담아내고 있다.

그래서 시를 읽다보면 가슴 뭉클한 감동이 밀려오면서 시인의 영
혼을 들여다보게 된다. 많이 아팠을 것이 분명한데도 시인은 그것

을 아주 넌지시 드러낼 뿐이다.

보리 피리

- 한하운 -

보리 피리 불며 봄 언덕

고향 그리워 피 -ㄹ 닐니리

보리 피리 불며 꽃 청산에

어릴 때에 그리워 피 - ㄹ 닐니리

보리 피리 불며 인환의 거리

인간사 그리워 피 -ㄹ 닐니리

보리 피리 불며 방랑의 기산하

눈물의 언덕을 지나 피- ㄹ 닐니리

나는 거기서 병으로 인해 더욱 강인해진 한 영혼을 만나게 된다. 마치 나를 만나듯이 친근하게 그에게 다가갈 수 있어서 나는 한하운 시인이 참 좋다. 피리를 잘 불지 못하는 내가 이 시를 읽을 때면 마음껏 피리를 불게 된다. 자신의 아픈 영혼을 삶의 굴레에 가두지 않았던 한하운 시인으로 인해 나도 덩달아 자유로와지곤 한다.

내가 꽤 오랜 시간 동안 한센병 환자들을 대상으로 치유 사역을 하면서 가장 많이 느끼고 깨달았던 것은 병이라는 게 사람을 많이 힘들게 하지만 그 병으로 인해 한 사람이 더욱 성숙해진다는 것이다.

한센병을 앓는 환자들은 주위에서 누군가 도움을 주더라도 이겨내기 힘든 아픔을 겪는다. 자신의 몸을 가눌 수 없을 만큼 많이 힘들 때가 많다. 그래서 나는 그들을 만날 때마다 하루에도 수십 번씩 지옥을 드나드는 것 같았다. 내가 이미 겪었던 아픔이자 슬픔인데도 그것이 얼마나 고통스러운가를 너무나 잘 알기 때문에 그들과 함께하는 일이 그리 쉽지만은 않았다. 그 고통을 그저 지켜만 봐야 한다는 것이 나에게는 또 다른 고통으로 다가오기까지 했다.

그렇지만 나는 언제나 꿈을 꾸었다. 나를 통해 단 한 사람이라도 진정한 치유를 경험할 수 있게 되기를, 그리고 그들의 외롭고 쓸쓸한 영혼이 나로 인해 따뜻한 손길을 느끼게 되기를 기도하는 마음으로 사역을 해왔다.

　내가 그렇게 꿈을 꾸며 기도를 드릴 때 실제로 하나님은 여러 모양으로 역사해 주셨다. 사람의 힘으로, 의학으로서는 불가능할 많은 일들을 나타내주셨다. 그래서 나는 믿는다. 내가 하나님을 신뢰하는 한 하나님은 날마다 크고 기이한 일들을 보이실 것이다. 그리고 실제로도 순간순간 기적을 보여주셨다. 기대감이 전혀 없었던 나의 삶을 하나님께서 바꾸어주신 것이다.

† 하나님이 예비하시다

　옛날 어렸을 때 동네 산등성이 하나를 넘어가면 예배당이 있었다. 그 예배당에 크리스마스 때 조카와 함께 두 번 정도 공책이랑 연필을 받으러 간 적이 있었다. 하지만 그때는 교회가 뭔지도 잘 몰랐다.

　예수 그리스도를 전혀 알지 못하던 소년이 소록도에 가서 교회를 처음 다니기 시작했다. 하지만 그때는 자의에 의해서라기보다는 주위 사람들이 나이 어린 소년이 오니까 교회로 인도하려고 노력한 결과였다. 그래서 처음에는 예배당에만 왔다 갔다 하는 생활을 계속 했는데 당시 유명한 부흥 강사들이 많이 다녀갔다.

그 중에서 가장 기억에 남는 것은 황성수 박사가 오셔서 집회를 했을 때였다. 그때부터 서서히 감동이 오고 마음의 문이 열리기 시작했다. 예수 그리스도를 영접하고 거듭남을 체험하고 성령도 받았는데 방언을 하는 은사는 주시지 않았다. 하지만 일상생활 속에서 하나님의 말씀에 따라 순종하려는 결심과 다짐은 더욱 커져만 갔다.

당시 소록도에 있는 중앙교회에는 성도가 1천 명이 있었다. 학생만 해도 200~300명은 족히 되었는데 유년주일학교를 졸업하고 나서는 학생회 회장을 맡았다. 한번은 성경공부 시간에 장로님이 마가복음의 한 구절 중에서 군대귀신 들린 사람 이야기를 물어보셨다. 예수님께서 군대귀신 들린 사람에게서 귀신들을 쫓아내려고 하자 이 귀신이 예수님에게 요구를 했다. 내가 나가기는 하겠는데 저 밑에 있는 돼지 떼에게 가게 해달라고 부탁을 했던 것이다.

그때 장로님이 질문을 하셨다. 돼지 2천 마리면 당시에 굉장한 돈인데 왜 귀신을 다른 데로 쫓아내지 않으시고 돼지 떼에게 들어가도록 허락하셨을까요? 내가 주일학교에 간지 얼마 되지는 않았지만 아무도 대답을 하지 못할 때, 사람의 생명이 귀하기 때문에 생명을 살리려고 하신 거라고 대답했다. 그 대답으로 칭찬을 받은 그 순간을 지금도 기억하고 있다.

이후에 믿음이 점점 성장하면서 학생회 회장을 맡았다. 그렇게 학생회 회장을 하면서 지내다 보니까 믿음이 점점 더 자라게 되었고 그렇게 하나님을 더욱 깊이 체험하면서 후일에 장로의 자리까지 이르게 된 것이다.

하지만 처음 교회를 갔을 때는 몹시 당황스러웠다. 교회에 갔더니 16살짜리인 나를 초등학생들이 다니는 유년주일학교에 배정을 해놓았다. 나보다 한참 어린 동생들과 한반을 이뤄 공부를 해야 한다는 게 그리 쉽지만은 않았다. 그 상황을 이해하게 된 것은 한참 세월이 흐른 후였다.

해외선교를 하러 캄보디아에 간 적이 있었다. 캄보디아 수도 프놈펜의 소도시 품동이라는 곳에 헌당식을 하러 가서 수요일 낮에 첫 입학식 기념예배를 드렸다. 그리고 저녁에는 아이들 25명 정도가 함께 있었다.

목사님이 예정에도 없는 간증을 부탁하시는데 말도 안통하고 해서 조금 난감했지만 일단 목사님께서 설교를 하시다가 중간에 잠시 시간을 주면 얘기를 하겠다고 말씀드렸다. 당시 초등학교에 총 53명을 3학급으로 만들었다. 1학년을 두 학급으로, 2학년을 한 학급으로 만든 학교에 만 15살짜리 여자아이가 입학을 하러 온 것이다.

그때 불현듯 생각이 스쳤다. 나도 역시 중학교 2학년 때 발병이 돼서 소록도에 들어가서 유년주일학교를 다녔으니까. 그 당시의 나의 처지와 이 아이의 처지가 자연스럽게 연결되었던 것이다. 그래서 어떻게 하면 말도 통하지 않는 이 아이들에게 마음을 열 수 있는 이야기를 해줄 수 있을까 깊이 고민했다. 잠시 묵상하는 가운데 내가 가장 좋아하는 빌립보서 4장13절 말씀 '내게 능력주시는 자 안에서 내가 모든 것을 할 수 있느니라' 라는 성경구절이 떠올랐다.

일단 이 성경구절을 큰 소리로 복장하라고 선교사에게 통역을 부탁했다. 그러고 나서 지금 여기에 15살 혹은 16살 된 아이가 있으면 손을 한 번 들어보라고 했다. 그랬더니 그 여자아이가 손을 들었다. 이름이 무척 길었는데 짧게 줄여서 '티' 라는 이름을 가진 소녀였다.

그 여자아이에게 내가 겪었던 당시의 이야기를 들려주었다. 나도 너희들보다 훨씬 더 불행했을 때가 있었다고. 중병에 걸려 몹시 아픈 적이 있었는데 16살 때 집을 나와서 혼자 독립해서 살게 되었고 예수를 믿고 나서 깨끗함을 받았다고. 한때 서울 시내에서 먹을

게 없어서 구걸까지 하던 사람인데 지금은 국제적인 회장이 되지 않았느냐고. 이건 왜 됐을까? 내게 능력주시는 자 안에서, 예수님의 은혜로 오늘이 있게 된 거라고 설명을 해주었다.

게다가 주위를 둘러보면 지금 너희들에게는 돈도 없고 먹을 것도 없고 명예도 없고 권력도 없지만 너희들은 나보다 훨씬 더 빨리 자립하고 잘 성장할 수 있는 문이 열릴 거라고 했더니 내 얘기를 들으면서 이 아이가 울기 시작하는 것이다.

그 아이를 보면서 하나님이 왜 나를 유년주일학교에 보내셨는지, 그리고 무엇을 원하셨는지 이해할 수 있게 되었다. 이 아이들을 위해서 나에게 미리 경험하게 하셨다는 것을. 나의 복음의 씨앗은 바로 유년주일학교에서부터 시작되었던 것이다.

† 축복의 통로

삶의 힘든 과정 속에서 여러 번의 죽음의 고비를 넘겼는데 그때마다 하나님은 나를 지켜주셨다. 당시에는 죽지 못해 산다고 생각했지만 인생 속에서 내 삶의 이유를 확실히 알게 해 주셨다. 순간

순간 내가 할 수 없었던 일들을 하게 하시더니, 그 모든 것들을 하나님의 뜻에 대한 순종으로 이끄셨다. 사람으로서는 할 수 없는 일들을 하게 하셨던 것이다.

나는 한센병 때문에 오히려 구원을 받은 사람이다. 축복의 통로라고 표현하지만 작은 통로가 아니라 고속도로가 뚫렸다고 확신한다.

소록도에서 예수님을 영접하고 이후 남원에서 새로운 삶을 시작하면서 하나님의 일에 헌신하겠다는 다짐을 수없이 되뇌었다. 성실한 그리스도인으로 하나님의 뜻에 따라 생활하려고 무던히도 애를 썼고 또 마을이 여러 면에서 성공적인 모습을 갖추어 가게 되자 교회에서는 나에게 장로를 하라는 제의를 해왔다.

당시 내 나이는 38세였는데 장로가 되기에는 너무 젊은 나이라는 생각이 들었다. 그리고 무엇보다 내 아내가 더 많이 반대를 했다. 나는 교회 측에 아직은 시기가 너무 빨라서 좀 더 시간이 흐른 뒤에 하겠다고 거절했다. 그리고 2년 남짓의 시간이 흐른 뒤에 또다시 장로 제의가 들어왔고, 그때는 나와 또 한 명이 장로로 추천이 되었다. 투표를 하자 거의 만장일치의 결과가 나와서 나는 그때부터 장로로서 교회와 성도들을 섬기게 되었다. 1981년 4월 28일 용정교회 장로로서 교회의 많은 일들을 돌아보고, 성도들의 삶을 돌아보면서 많은 시간을 그들과 함께 보냈다.

나는 지금도 용정교회를 무척 사랑한다. 내가 남원에서 지내는 시간 동안 계속해서 다녔던 교회이며 기초부터 세웠던 교회이기에 아직도 애틋한 마음을 갖고 있다. 그래서 남원을 떠나 서울에서 살고 있는 지금도 종종 남원 용정교회를 그리워하고는 한다.

그 마음으로 네 가정이 주기적으로 만나는 친목회를 만들었다. 그 모임을 통해 우리들은 교회와 목회자를 위해 기도하며 후원을 하고 있다. 내가 그 마을과 교회에서 함께 했던 사람들이, 그리고 가슴벅찬 추억들이 여전히 그곳에 남아 있다. 많은 이들이 전국 곳곳에 흩어져서 각자의 삶을 살고 있기도 하지만 남원 마을과 용정교회는 언제나 나에게 고향과 같은 곳이다. 그래서 지금도 가끔 찾아가면 아련한 추억에 젖어들면서 마음이 훈훈해지고는 한다.

† 아픔으로 꿈을 꾸다

전국에 우리 마을과 같은 정착 마을이 80여개 정도 존재한다. 그 마을마다 한센병 병력자들이 살고 있고, 보통 사람들도 그들과 어우러져 가족을 이루고, 이웃을 형성하면서 자급자족하는 공동체를 이루었다.

나에게 세상의 그 어느 도시나 마을보다 가장 행복한 곳이 정착 마을이다. 모든 것을 스스로 해결하고 모든 일을 함께 행하는 사람들이 있기에 마을은 지상 천국이라고 해도 과언이 아닐 정도이다. 어쩌면 태초의 에덴동산처럼 맑고 깨끗한 곳이 바로 우리들의 마을이 아닐까 한다. 시기와 질투가 만연한 세상이 아닌 순수함과 따뜻함으로 가득한 마을, 나는 이런 마을이 세계 곳곳에 더 많이 생겨나기를 바라고 있다.

하지만 처음부터 마을이 내가 꿈꿨던 지상낙원의 모습은 아니었다. 삶이 각박하다 보니까 미래를 개척해나가야 할 젊은 친구들의 마음이 거칠어지고 자연스럽게 노름과 술에 빠져 있었다. 돈을 벌어야 사람다운 삶을 살게 되는 것인데 경제적 자립을 어떻게 시켜야 할까? 이들 한 사람 한 사람을 어떻게 신앙인으로 바로 세워야 할까? 많은 고민의 연속이었다.

당시 젊은이들이 15명 정도 있었는데 내가 새마을 청년단을 조직하고 그들과 열심히 활동을 하며 잘 어울려 지냈다. 그런데 나와 함께 있을 때는 성실하게 보이던 그들이 나만 없으면 막걸리에 술타령을 하고 노름으로 시간을 보냈다. 당시에는 시골에서 일을 하다가 힘이 들면 막걸리를 마셨는데 문제는 병으로 인한 신경통 때문에 술을 마신 다음 새참으로 마약을 맞는다는 거였다.

당시 일터라고 하기에는 민망한 곳이었다. 버려진 황무지, 공동묘지, 하천부지 등이었으니까. 이곳을 개간해서 밭을 일구고 또 닭장 짓고 돼지 움막도 쳤던 것이다. 하지만 아무리 그렇게 해도 일반 노동력의 70% 밖에 되지 않았다. 건강해졌다고는 해도 여전히 신경통 등으로 아픈 사람들이 있었기 때문에 노동력을 100% 활용할 수는 없었다. 산에 가서 나무도 하고 흙벽돌도 직접 찍고 집도 지으면서 그렇게 마을을 만들었다.

어느 날 한겨울에 새벽기도를 갔다가 청년들이 자주 모이는 장소에 불이 켜져 있는 것을 보고 직감했다. 밤새도록 노름을 한 것이다. 문을 확 여니까 다들 깜짝 놀라 어쩔 줄 몰라 했다. 밤새도록 노름하다 보면 밖에 있는 화장실에 가는 것도 귀찮아서 소변을 요강에 보는데 소변이 넘쳐나고 있었다. 순간 더럽다는 생각을 할 겨를도 없이 요강을 냅다 방바닥으로 집어던졌는데 겨울이라 스케이트 타듯이 미끄러지면서 나동그라졌다. 다들 놀래서 뒷문으로 도망을 쳤는데 그런 모습을 보면서 더 이상 가만히 있을 수가 없었다.

마을에서 가장 중요한 문제로 떠올랐던 것은 젊은이들의 신앙생활에 대한 것이었다. 대부분의 젊은이들은 교회를 잘 다니지 않았고 마을 청년들 중 30% 정도만 겨우 교회에 출석하는 정도였다. 나는 그런 분위기를 새롭게 바꾸기 위해 청년회를 조직했다. 예수 그리스도에 대해 알면서도 교회에 잘 안 다니는 청년들이 많았기 때문에 나는 그들에게 강제적으로 술집에 가지 못하게 했고 노름도 못하게 막았다.

그 청년들을 대상으로 잘 살기 운동을 펼쳤고 그들을 교회로 인도했다. 나는 그 당시에 체격이 무척 좋아서 청년들 중 누구도 나를 당해내지 못했었다. 그래서 나는 청년들에게 매를 들어서라도 술과 노름을 끊게 하고 싶었다. 그리고 그들의 배급 양식 1년치 중에 한 달치는 교회에 십일조로 내게 만들었다. 그래서 우리 마을 사람들이 복을 받게 되었던 것이다.

뿐만 아니라 우리 마을에는 노인들도 많았는데, 그분들의 회갑 잔치를 해 줄 사람이 마땅치 않았다. 그래서 나는 마을 어른들의 회갑도 열심히 챙겨드렸다. 농원의 원장으로서 맏아들 노릇을 하는 게 마땅한 일이었기에 회갑날 절을 올리곤 했다.

또한 마을에서 누가 상을 당하면 상주 노릇을 할 때도 많았다. 그야말로 마을 사람들의 생활 전반적인 일에 대해서 내가 일일이 챙기고 간섭을 하면서 살았다.

때로는 힘들 때도 있었지만, 지금 이렇게 그때를 돌이켜보면 그 모든 것들이 바로 축복의 통로였다는 생각을 하게 된다.

나는 분명 꿈을 꾸고 있었다. "시작은 미약하나 끝은 창대하리라"는 하나님의 말씀처럼 우리 정착마을이 가난하고 힘없고 가진 것 없는 마을처럼 보일지라도 반드시 끝에는 성공의 열매가 있음을, 그렇게 이룩한 우리들의 보물을 이웃들에게 나누어줄 수 있는 날이 빨리 오기를 나는 믿고 있었다.

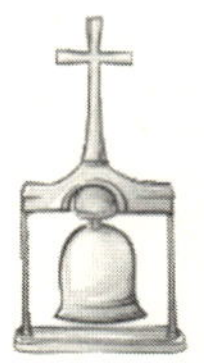

제5장

하나님께서 주신 능력

† 치유사역을 시작하다

소록도에서 치료를 받는 3년 동안 나는 신경통이 너무 심해서 잠을 제대로 잘 수 없을 정도였다. 그것으로 인해 나는 아직도 팔을 쓰기가 불편하다. 그래서 악수를 하는 게 쉽지 않다.

그 병을 앓게 되면 얼마나 아프고 힘든지 너무나 잘 알고 있기 때문에 나는 그저 가만히 있을 수가 없었다. 나를 깨끗이 낫게 하신 하나님의 은혜를 생각하면서 내가 할 수 있는 것이라면 어떤 일이라도 해서 한센병 환자들이나 한센병력자들에게 큰 도움이 되고 싶었다.

그렇지만 대부분의 사람들처럼 나 역시 한센병 환자들을 대하는 것이 두려웠었고 가까이 하지 않으려고 했었다. 왜냐하면 그들로 인해 또다시 고통을 겪게 될까봐 걱정부터 앞섰기 때문이다. 그러나 하나님께서 나에게 주시는 마음은 그들을 사랑하고 섬기라는 것이었다. 그래서 나는 진심으로 그들을 대하기 위해 꾸준히 노력해왔다. 내가 겪었던 아픔을 바탕으로 그 아픔을 뛰어 넘어 세상의 빛과 소금이 되기를 원했다.

중국 같은 곳은 특별초청을 받아서 강연하러 10회 이상 다녔다. 처음에는 요양원의 원장들을 모아놓고 잘 살게 된 과정과 방법을 이야기하고 다음에는 환자들을 앞에 놓고 이야기를 했다. 나를 보라고, 언제까지 이렇게 살 수 없지 않느냐고. 그게 일종의 간증이었다.

그런데 처음에는 사람들이 나한테 가깝게 다가오려 하지 않았다. 왜냐하면 하고 있는 모습이 자신들의 모습과는 너무 동떨어져 있었기 때문이었다. 그렇게 가슴을 열지 않고 나를 멀리 밀어놓을 때 손을 보여주었다. 사람들의 시선이 일시에 내 손으로 향하였고 뭐라 형언할 수 없는 공감대가 형성되었다. 마음의 문이 열린 것이다. 나는 그때 깨달았다. 선교의 흔적을 하나님이 나에게 보여주셨구나. 만약 오른손도 왼손처럼 말끔했다면 무엇으로 저들의 마음을 끌어올 수 있었겠는가.

교회가 세워지면 영적으로만 건강해지는 게 아니고 육신의 삶도 자연적으로 같이 잘 살게 되어 있다. 우리나라의 정착농원 역시 예배당으로 마을을 세웠던 곳이다. 하나님의 말씀이 제대로 들어간 마을은 다 잘 살게 되었다. 그런데 정착마을만 잘 사는 게 아니고 주변에 있는 지역사회까지 잘 살게 되었다. 그게 우리 하나님의 법칙이다. 치유사역을 통해서 하나님의 기적을 경험한 나는 이 일을 멈출 수가 없다.

내가 한센병 환자들을 대상으로 치유 사역을 한 지도 벌써 10년이 넘는 세월이 흘렀다. 그동안 한센병 환자들의 현실은 많이 개선되었고, 나 역시 여러모로 성장해왔다. 현재 한국에서는 신환자뿐만 아니라 한센병의 모습조차 찾아보기 힘들 정도로 그 문제가 많이 해결되었다. 그리고 나는 한센병 치유 사역자로서 곳곳에서 인정을 받고 주목을 받게 되었다.

† 가고 싶지 않은 길

물론 그런 삶을 산다는 것은 너무 어려운 일이었다. 너무 어렵고 힘든 길이어서 가고 싶지 않다는 생각도 많이 들었다. 실제로 그들을 눈앞에서 보면 삶이 너무나도 비참한데 내가 베풀 수 있는 건 한계가 있기 때문이었다. 내 눈에는 뭔가를 필요로 하는 사람들이 너무 많이 보였다.

그렇게 한센병 환자들의 지옥 같은 삶을 대할수록 내가 해야 할 일들이 참 많다는 생각을 하게 되었다. 그러면서 자연스럽게 그들과 많은 시간을 함께 하게 되었고, 그들과의 관계가 두터워지면서 함께하는 시간이 소중하게 여겨졌다. 언젠가부터 내 인생에서 그들을 제외한다면 아무 것도 남을 것 같지 않다는 생각도 하게 되었다. 그들로 인해 내 삶의 이유가 확고해졌고, 내가 무엇을 하며 어떻게 살아야 하는가를 알게 되었다.

그리고 나는 안다. 그 모든 과정을 통하여 하나님은 나를 치유 사역자로 세워가고 계셨음을. 내가 힘들 거라고 생각했던 일들 가운데 하나님은 나를 세워주셨을 뿐만 아니라 전혀 생각하지 못했던 치유의 능력을 나타내주셨다. 지금은 수많은 한센병 환자들과 친구가 되었을 뿐만 아니라 때때로 내가 그들로부터 위로와 힘을 얻기도 한다. 그들은 병을 조금 앓았을 뿐, 일반적인 사람들과 별반 차이가 없는 소중한 사람들이다.

나는 오히려 보통 사람들보다 그들을 통해서 많은 것들을 배우게 된다. 나도 충분히 아파봤고 많은 것들을 경험했다고 생각했는데도 그들을 볼 때면 종종 내가 부끄러워지기까지 한다. 그만큼 내가 만난 한센병 환자들은 의지적이고 신앙적이었다. 그들은 자신이 처한 힘든 현실을 그대로 받아들이지 않고, 그 뒤에 숨어 있는 하나님의 뜻을 발견하려고 노력하는 모습을 보여주었다.

그리고 어떻게든 그 상황을 이겨내려고 노력했다. 나는 그런 그들의 모습을 볼 때마다 가슴 뭉클한 감동을 얻고는 했다. 무조건 죽으려고만 했던 나와는 달리 그들의 모습은 맑고 밝게 보였다.

많은 사람들이 한센병에 걸리면 온갖 고통을 겪다가 죽을 수밖에 없다는 생각을 한다. 하지만 나는 어떤 병이든 희망을 버리지 않는 한 나을 수 있다고 확신한다. 치유를 기대하며 기도하다 보면 사람의 힘이 아닌, 하나님의 초월적 힘에 의해 낫게 되는 것이다. 실제로 나는 그런 기적을 많이 봐왔다.

그리고 중요한 것은 나의 인생 속에서 그 기적이 실현되었다는 것이다. 그래서 나는 내가 걸어온 이 길을 떠날 수가 없다. 하나님께서 맡기신 일이고, 그분께서 하시는 일이라는 확신이 있기 때문에 언제나 그분의 뜻을 이루어 드리기 위해 노력하고 있다. 현재는 한센인들보다 일반인 중 극빈자나 저개발국의 시골 마을에 더 많은 일을 하고 있다. 지은 빚을 갚고, 이자도 갚고, 덤까지 드리는 셈이다.

한때는 가고 싶지 않은 길이었으나 이제는 내가 이 세상의 마지막날까지 가야할 길임을, 아마도 그때가 되면 어깨에 놓여진 치유사역을 내려놓게 될 것이다. 하나님께서 앞으로 얼마나 나에게 더 하게 하시려는지 알 수 없지만 내가 훗날 하늘나라에 가더라도 우리 후손들이 복음사업을 연계해서 앞으로 계속 영원히 이어지기를 기도한다.

아직도 지구촌에 살고 있는 1천 6백만 명의 사람들이 한센병과 관련하여 고통을 받고 있다. 그들에게 이 치유사역이 위로가 되고 희망이 되고 꿈을 주고 더 나아가 복음을 심어주는 길이 되기를 간절히 소망해 본다.

† KLM과 JLM

　1960년대 후반부터 KLM(한국기독교구라회)과 JLM(일본기독교구라회)은 자매결연을 맺고 한센인마을에 이동치료사업을 시작하여 산골 오지의 환자 가정을 방문하여 치료해주고 정착마을 주민들을 위해 마을 목욕탕을 건립하여 일반 대중목욕탕을 갈 수 없는 노약자들의 생활환경을 개선해주었다. 한국 한센인 정착마을의 환경개선과 인간의 존엄성 회복, 경제자립에 관하여 크게 영향을 끼친 KLM과 JLM의 역할은 한국 한센인과 정착마을의 경제자립과 주거환경개선 인간의 존엄성 회복에 끼친 영향은 매우 크다.

　정부 예산으로는 지원받기 어려웠던 시절, 정착농원에 노인복지시설(간이양로원)을 건축하여 노인들의 노후대책을 세워주는 사업도 실시하게 되었는데, 내가 살던 남원신생농원에도 JLM사무총장 이또오 히레오 장로와 KLM의 창설멤버이며 한평생 한센인 곁에서 참된 예수님 사랑의 전도사처럼 살아가는 신정하 장로를 수차례 방문하게끔 하여 결국은 간이양로원을 지을 수 있었다. 지금도 평안한 여생을 즐기는 노인들의 행복한 보금자리다.

　그런데 10~20년이 경과되니 건물이 낡아 빗물이 새고 생활하기 어렵게 되었을 때 마침 보건복지가족부 김양배 장관을 정착농원 현지에 안내할 기회가 있었다. 지금 생각해도 나의 지혜만으로는 어려운 일이 아니었나 생각이 든다. 미리 간이양로원에 살고 있는 주민과 마을 유지 몇 사람에게 건의사항을 알려주고 김 장관을 모시고 갔다. 지독한 가축 분뇨냄새를 애써 참기 위해 계속 담배를 피우는 것을 모른척하며 의도적으로 걸어서 현장을 안내했는데, 노인 한 분이 새 건물을 지어 여생을 편히 살고 싶으며 약간의 부식비를 인상해달라는 건의를 하기도 하였다.

마을을 시찰한 뒤 회관에 모여 평가회의를 하는데 건물 짓는 일은 많은 예산이 필요하므로 검토하겠다는 답변을 들을 수 있었다. 하지만 당시 나를 빗대어 '꿈에서 이루어지기 어려울 것 같은 사업도 완성하는 사람'이란 별명이 따라다닐 정도였으니 대답을 들었다고 그냥 있을 수 있는가. 즉시 담당부서를 찾아가 '장관이 간이양로원 시설을 약속했다. 순진한 노약자를 실망시켜서는 안 된다'고 계속 건의한 결과 국고에서 50%, 지방에서 50%를 지원하기로 하였다. 그래서 지원 첫해에 16억 원을 지원받아 10동의 건물을 헐어 장애인들이 생활하기 편리한 현대식 양로원을 건립할 수 있었다. 매년 계속된 사업으로 각 시·도에 있는 정착마을에 양로원을 세워 입주식을 할 때마다 참석하여 기쁨을 함께하였다. 경북 칠곡의 어느 마을 노인은 '지상천국인 것 같다. 평생 살아볼 수 없는 좋은 집에서 살 수 있게 됐다니 감사하다'며 흥분이 가시지 않는 모습을 보며 지혜를 주신 하나님께 다시 감사를 드렸다.

KLM과 JLM 사업의 시작은 미약했을지라도 나중은 창대하여 지금도 우리 정부에서 사업비를 지원하고 있으니 100배의 열매를 맺고 있는 셈이다. 더구나 하나님의 사랑을 품고 참된 봉사와 사랑의 결핍으로 외로워하던 한센인들에게 참사랑을 베풂으로써 잘 살아보겠다는 꿈을 갖게 하여 그 결과 받기만 하던 한센인들이 이제는 세계를 품고 베푸는 자의 자리로 옮겨 앉게 되었다.

많은 민간단체의 활동에 참여해왔지만 나는 KLM과 JLM 지도자들의 참된 가르침과 꾸밈없는 사랑에 크게 영향을 받았다. 그래서 미약하지만 즐거움으로 세계 선교사역을 감당하게 된 것을 지금도 감사한다.

✝ 95%의 믿음, 5%의 의심

2000년도 이후에는 해외선교에 전념을 했다. 그럴 때마다 특별한 경우가 아닌 한 사비로 여비를 충당했다. 요즘은 조금 사정이 좋아져서 우리 멤버들이 현지답사를 간다든지 혼자 갈 때는 조금씩 도와주기도 한다. 경제적인 상황이 썩 좋지는 않지만 그때마다 하나님이 해결해 주시는 것을 경험한다. 하나님이 공급해 주시는 물질 덕분에 돈의 구애를 받고 산 적이 없었다.

해외선교를 하면서 많은 교회와 학교를 지었다. 우리 가족 선교회가 돈 내서 하는 게 하나 있고 나머지는 어느 장로님이, IDEA 후원회장님이, 한성장로회 등에서 지원을 해준다. 가만 세어보니 지금까지 25개의 교회를 세웠다. 기도하면서 적어도 두세 번은 갔던 곳이라 이름도 다 기억하고 있다.

최근에는 강원도에 조그마한 교회가 하나 있는데 선교후원금이 아직 들어오지 않았다. 제직회에서 결의가 되고 예산 승인이 났는데도 나를 믿지 못해서 집행이 이루어지지 않던 곳이었다.

그런데 우연히 얼마 전에 그 목사님과 만날 기회가 생겼다. 그래서 우리 IDEA협회 모임에 모실 기회다 싶어서 목사님과 장로 두 분이 함께 오시게 했는데 말 그대로 사무실에서 간증집회를 한 셈이다. IDEA 선교사업에 대해서 설명을 하는데 마침 방글라데시에 있는 안바울 선교사도 와 있었다. 우리 교회를 좀 짓자고, 극빈자들을 위해서, 한센인들을 위해서 선교사업을 같이 해보자고 제안했다. 그 얘기를 죽 들어보더니 목사님과 같이 오신 장로님들이 흔

쾌히 동의해주셨고 그 자리에서 예배당을 짓는 것으로 약속을 했다.

한국 돈으로 1,500만 원이면 방글라데시에 40평 정도, 시골에는 70평 정도의 건물을 지을 수 있다. 그걸 지어놓으면 주변에서는 그런 빌딩이 없다. 전부 흙집에 사는데 콘크리트 건물을 지어서 블록으로 쌓아놓으면 최고의 건물이 되는 것이다. 2,000만 원이면 더 훌륭하게 지을 수 있으니까 목사님과 장로님이 가셔서 기도해보시고 답변을 달라고 이야기를 마무리하고 자리에서 일어났다.

그런데 방글라데시의 안바울 선교사로부터 연락이 왔다. 예배당을 하나가 아닌 2개를 짓겠다는 거다. 그래서 내가 목사님을 사무실에서 다시 만나 한국 돈으로 하지 말고 미국 돈으로 하자고 했다. 그래서 5만 5천 불을 들여서 예배당 2개를 짓기로 약속했다.

목사님께서 우선 3천만 원을 후원금으로 보내주신 돈으로 방글라데시에 보내면서 예배당을 순조롭게 짓게 되는가 싶었는데 이번에는 달러 환율이 천정부지로 솟구치고 있었다. 천 원일 때 시작한 공사가 곧 1,500원이 되었던 것이다.

곧바로 선교사한테 전화를 걸어서 어디까지 진척되었느냐고 물어보았더니 4분의 1정도 공정이 되었다는 대답이었다. 잠깐 스톱하라고, 지금 나라의 경제가 흔들려서 안 되겠다고 기다리라고 했다. 그러고 나서 지난번 목사님과 장로님들을 다시 불렀다. 상황이 이런데 어떻게 했으면 좋겠느냐고 했더니 계속 진행시키라는 것이다.

그래서 다시 이메일로 안바울 선교사에게 공사를 계속 진행해도 좋다고 보냈는데 이번에는 지금까지 단층 건물로 예배당을 지었으니 여기는 3층짜리 교회를 짓고 싶다는 대답이 돌아왔다. 그래서 내가 그런 건 말로만 해서는 안 되고 2층 올리는 데 얼마이며, 3층 올리는 데 얼마인지 계산이 정확하게 나와야 한다고 충고했다. 우리도 기도할 때 간과하는 부분이 이런 부분이다. 하나님한테 기도할 때 분명히 구체적인 것을 세워놓고 기도해야지, 뭉뚱그려서 그냥 달라고 하면 하나님도 뭉뚱그린 것밖에 주실 수 없다.

그렇게 설명하고 전화를 끊었는데 안바울 선교사가 부리나케 건축사하고 얘기를 해서 3만 5천 불이 더 필요하다는 연락이 왔다. 그러면 총 예산이 벌써 10만 불이 들어가는 셈이다.

정말 부끄러운 고백이지만 아멘 하고도 95%는 믿어지고 5%는 의심이 생길 때가 있다. 고백하건대 솔직히 불가능하다고 생각했다. 구한 것은 다 받은 줄로 믿으라고 하셨는데, 그래야 그게 내 믿음이 되는데 말이다. 그래서 95%는 내 것이지만 나머지 5%는 남의 것이 되고 마는 것이다.

어떻게 할까 기도하다가 그 세 분을 또 불렀다. 어떻게 했으면 좋겠느냐고 물었더니 진행하란다. 그런데 그 사람들이 내 얘기를 듣고 하겠는가? 내 얘기만 듣고 이렇게 어려운 때 돈을 10만 불을 들여서, 그것도 방글라데시에 가보지도 않은 사람들이 하겠느냐 말이다.

우리가 해외 선교할 때 깊이 생각해봐야 할 문제라고 생각한다. 예배당을 지을 때 필요한 돈 보내주고 단기 선교팀들을 이끌고 다녀온 뒤에 보살피고 양육하지 않으면 물론 모두 다 그런 것은 아니지만 건물에 열쇠 채워지고 거미줄 치는 예배당들이 반드시 생겨난다.

그동안 캘커타, 방글라데시, 캄보디아 등 4개의 학교를 개교했다. 현지 교역자들에게 주는 생활비뿐만 아니라 선생님들 봉급에서부터 아이들 간식까지 공급해야 한다. 놀라운 것은 지금까지 돈이 없어서 뭘 하려다가 못한 일이 없다는 것이다. 믿고 구한 것은 받은 줄로 알라. 아멘! 3층짜리 교회가 완전히 해결되었다.

†IDEA와 함께한 해외 선교사역

✟ 인도 선교사역

1994년 3월 21일부터 24일까지 한국 한성 장로연합회 상임 총무 자격으로 천우열, 오종화, 허돈 장로들과 함께 인도 선교를 위한 여행을 떠나게 되었다. 생전 처음 하는 일인데다 믿음이 약한 탓에 두렵다는 생각이 들었다. 평생 평신도 신분으로 공무원들 틈새에서 일반 행정을 다루어 오던 내가 감히 선교를 할 수 있을까? 스스로에게 물어 보아도 답이 쉽게 나오지 않지만 그것이 하나님의 지상 명령임을 알고 있는 이상 사양할 수 없는 일이라서 앞장서게 되었다. 동행하는 분들이 해외 나들이 경험이 없고 나 역시 영어를 잘하지 못해서 항상 수행원이 따라 다녔는데 그래도 이번에는 내가 안내를 맡아야 할 입장이었다.

인도는 지도로만 봐왔을 뿐, 상식도 경험도 전혀 없는 생소한 나라였다. 그래서 모두가 긴장한 상태로 싱가포르 항공을 이용하여 출발, 싱가포르를 경유하여 인도 캘커타 공항에 도착하였다. 공항 입국 심사를 마치고 세관 검사에서 우리가 갖고 갔던 라면이 문제가 되어 통과에 어려움이 생기기도 했다. 우리를 별실로 데리고 가 앉혀 놓고 질문을 하는데 어떻게 설명을 할 방법이 없었다. 시간은 점점 흘러가고 성분 검사를 해야 한다며 뜸을 들였다. 우리는 할 수 없이 10불짜리 지폐를 1장 주게 했더니 20불을 요구해 오는 것이었다. 그들은 그것을 감사하게 받으며 기뻐했다. 그렇게 우리는 인도 땅에 첫 발을 내딛게 되었다.

지금은 많이 변화되었지만 그 시절 인도 국제공항 실정은 그랬다. 심지어 일을 다 마치고 출국할 때 모든 수속을 마치고 마지막 검색대를 천우열 장로가 내 앞에 통과하는데 또 몸수색을 하면서 돈을 요구하는 것이었다. 내가 그 모습을 보고 뒤따라가서 아는 체를 하니 수색원이 더 이상 돈을 요구하지 않았다. 기억에 남을 경험이었다. 날씨는 덥고 안전성의 문제도 있고 해서 호텔을 찾으려는데 로이 선교사가 자기 집에 가서 자고 그 돈으로는 선교를 하는데 쓰라고 했다.

그 당시 로이 선교사의 인도 생활이 지금과는 너무 많은 차이가 있다. 막상 집에 가 보니 아파트 거실은 예배당이었고 천정에 바람개비 한 개가 돌아가고 있었다. 모기는 물론이고 작은 도마뱀이 벽에 붙어 친구를 하자고 할 지경이었다. 에어컨 생각이 간절했지만 방법도 없고 로이 선교사 내외분 때문에 미안해서 말도 못했다.

변상이 사모는 한국인이고 그 때문에 인도를 첫 선교지로 찾았는데 아기를 기르느라 아침 일찍 일어나지 못하고 로이 선교사가 아침을 준비하여 식탁으로 오라고 했다. 계란 프라이와 약간의 과일, 그리고 작은 냉장고에서 식빵을 내어 놓았는데 검고 푸른곰팡이가 우리보다 먼저 빵을 먹고 있었다. 하지만 선교사의 얼굴을 보니 먹을 수밖에 도리가 없었다. 우리는 감사 기도를 드렸고 변질된 부분은 버리고 하나님께 의지하며 음식을 먹었다. 그리고 별 탈 없이 활동을 할 수 있었으며 지금도 감사한 추억으로 그 때의 일을 떠올리고 있다.

첫 날 우리는 테레사 수녀의 사무실을 찾았다. 그때 마침 수녀님이 부재중이라 '죽음의 집' 을 방문하게 되었다. 그런데 그곳의 형편을 대하니 형언할 수 없는 감정이 솟아올랐다. 어떻게 생각하면 한센병은 하나님께서 주신 축복의 통로다. 일찍 발병 사실을 알고 치료를 받은 사람은 부부간에도 과거의 병력을 모르고 백년해로할 정도로 완전 치료가 가능하며 활동에 지장을 받지 않고 일반인이 할 수 없는 선교도 할 수 있다. 그리고 열심히 신앙생활을 하며 건강관리를 잘하면 일반인과 다름없이 장수할 수 있다.

직원의 안내를 받아 테레사 수녀가 돌보고 있는 직업 훈련원에 가 보았다. 신환자가 많은 나라인 관계로 젊은이들이 많고 구두 만드는 일, 봉재 기술 등을 가르치고 있어서 이곳에 다녀가는 사람의 사회복귀는 보장될 것으로 생각되었다. 로이 선교사에게 부탁하여 재가 환우의 집을 안내하여 달라고 했더니 캘커타의 변두리 마을 집을 소개했는데 선교사도 한센병을 모르다가 나로 말미암아 처음 심방을 하게 되어 망설이는 눈치였다. 방으로 안내하는데 너무 좁고 천정이 낮아서 가만히 앉아만 있어도 불편하고 더웠다. 외국인이 왔다고 구경꾼들이 쪽문을 막아 서 있으니 약식 심방 예배를 드리는 데 방해가 될 정도였다.

선교사님이 운영하는 신학교 강의를 부탁받아 갔는데 미래의 목사들에게 나는 한센병 상식과 하나님의 은혜로 살아온 과거를 간증하며 은혜를 나누고 장차 한센병력자 선교를 약속할 사람은 손을 들어 보라고 하니 3명이 손을 들어 약속하였고, 지금은 그때 그 학생이 목사가 되어 우리가 건축한 폴타 믿음 장로교회 담임이 되어 있다. 귀국하여 임원 회의를 열어 개척 교회 설립에 관한 의논을 하기로 하고 귀국길에 올랐다. 이것이 현재 한국 한성 장로회 선교 사업의 시작이 되었다.

2001년 2월에 또 한 번 선교를 위해 인도로 향했다.

인도에서 첫째 날은 소록도 중앙교회에서 헌당을 하는 터라 새생명 교회를 찾아가게 되었다. 한센인을 포함 39세대 70명이 살고 있는 그야말로 버려진 모래밭에 움막을 짓고 구걸로 생활을 하는 사람들에게 교회를 세워주니 하나님께서 너무 기뻐하실 일이라는 생각이 들었다. 그것도 소록도교회 성도들의 헌금으로 이루어졌으니 말할 필요가 없었다.

1996년 캘커타 폴타 교회를 시작으로 한국한성장로 연합회 IDEA 협회 정착농원교회에서 6개째 교회를 지어 하나님께 헌당하기에 이르렀다. 이 교회 담임은 코인신학교 출신 아이삭전도사와 초등학교 교사 자격을 가지고 있는 사모와 2남 1녀가 열심히 사역을 하고 있었다. 조금 큰 초가 움막이 27명의 아동들이 공부하는 학교였다. 너무 도와야 할 일들이 많은데 힘이 약해서 해 준다는 약속을 하지 않으려 애를 쓰고 있었다.

헌당식은 은혜 중에 성대하게 치러졌다. 나는 감사를 곁들인 축사 순서를 감당하였다. 다음으로 이동한 곳은 부산 구평 중앙교회에서 세운 마네아시타티 새생명 교회였다. 한센인 요양병원 바로 옆에 있어서 위치가 아주 좋았다. 방문 기도를 드리고 연이어 여수 도성농원에서 세원 새생명 교회를 방문하고 말라와디 백봉 새생명 교회도 방문하였다.

✙ 인도 IDEA 미션스쿨

2001년 2월 26일 나와 장로회 최인성 회장, 장로회 김효열 부회장, 백봉교회 유영찬 장로, 덕촌교회 김원경 장로, 천우열, 연합교회 전도사, 중앙교회 이준도 장로, 중앙교회 이명철 장로 등 6명이 교회를 세우고 헌당식을 위해 인도를 방문하게 되었다.

인도인 목사가 담임하고 있었는데 특이하게도 한센병력자 2세라고 하였다. 부인은 일반 대학을 졸업하고 초등학교 교사 자격증을 가지고 있어 가난하여 취학하지 못하는 아동 25명을 예배당에서 초등학교 4학년 과정까지 가르치고 있었다.

3월 1일, 캘커타 폴타에 한국 한성장로회의 도움으로 세워놓은 새생명 교회를 찾아가게 되었다. 이곳 역시 목사 부인 수립따 나우 씨가 교사 자격증을 소지하고 있어 45명의 아동에게 초등학교 과정을 가르치고 있었고 월 2회 정도 일반 진료를 겸하고 있었다.

한국 KBS에서 제작한 한민족 큰 잔치 '변상이' 편의 주요 무대이기도 한 곳으로서 그동안 교회를 짓고 예배당을 진료실로 사용하고 있는 모습을 보고 이곳에 순수한 IDEA 힘으로 초등학교를 세우기로 마음을 굳혔다.

귀국하여 문석민 후원회장에게 방문 내용을 설명하면서 나는 학교 설립 취지도 설명하였다. 설명을 들은 후 문회장의 반응은 평범

한 것 같았다. 두 달이 지난 후 5월 10일 당시 본회 사무실에서 임원 및 운영위원회의를 열어 학교 설립에 관련한 회의를 하게 되었다. 문석민 후원회장의 인도 초등학교 설립에 관한 구체적인 계획에 대해 설명해달라는 요구를 받고 집행부에서 자세한 설명을 했다.

우리나라도 처음에 선교사가 들어와서 교회를 짓고 다음에 학교, 병원을 지어 다양한 봉사와 선교 활동으로 오늘 우리가 잘 살게 되었으니 인도 아동들을 위하고 한센병력자와 그 자녀들에게도 배움의 길을 열어줌으로써 경제 발전에 도움을 주도록 하자는 의견에 모두 찬성하였다. 회의석상에서 문회장은 학교 건립 기금으로 5,000만원을 지원하기로 약속하였고 기존에 모금하여 예치하고 있던 기금과 합하여 바로 착수하기로 하였다.

2001년 5월 15일에서 18일까지 필자, 김동일 부회장, 우흥선 부장은 학교 설립 건물 기공식을 위해 임원회에서 전권을 위임 받아 다시 캘커타를 방문하게 되었다.

현지인 선교사 로수길 목사(CMA선교회장)을 만나 후보지를 먼저 답사하였다. 5월 16일 밤 9시 30분 열차로 달려서 다음날 아침 5시 30분, 작은 도시 물리(MURI) 역에 도착하였다. 자동차 고장으로 걸어서 후보지에 도착했는데 방문단의 의견은 부정적이었다.

다시 캘커타로 돌아와 캐닝지역 후보지를 답사했고 이곳이 적임지라 판단되어 학교 부지로 결정하고 학교 건립에 따른 제반 문제 협의와 설계, 공사비 결정과 향후 학교 운영에 관한 협약을 체결하게 되었다. 모든 계약을 마치고 5월 18일 현장에서 기공식 예배를 드린 후 착공의 첫 삽을 뜸으로써 인도에 한국 IDEA 초등학교가 세워지는 역사가 시작되었다.

2002년 12월 22일 인도 초등학교 건축 현황을 직접 점검하고 준공식 일정과 준비를 위하여 필자와 우흥선 부장이 인도를 방문하였다. 건물은 설계대로 지어지고 있었으나 약속한 기간에 준공하기는 힘들 것 같았다. 건축사사무실의 썬다이 붓다 사장과 2월 15일 까지 완공키로 협의하였다. 진입로가 협소하고 비포장이라서 성의껏 보수해 줄 것을 부탁했다.

2003년 2월 26일 한국에서 학교 준공식을 위하여 필자와 문석민, 허돈, 김혜순, 박태남, 배영순, 김정옥, 김재홍, 이상갑 목사, 박인철, 정길자, 방종선, 이길용, 김태욱(회장단, 운영위원, 후원자) 등 14명이 인도를 방문하였다.

오전 10시 캐닝 현지에 도착했는데 멀리서 학교 건물을 보고 모두 기쁨의 함성을 질렀다. 보기 드문 8각형 오렌지색 지붕과 하얀 벽으로 된 교실 10칸이 다이아몬드처럼 옹기종기 달라붙어 있는 것이 보기 좋았고 이 일을 위해 모두가 많은 기도와 협조를 했으니 기쁨의 함성이 나올 만도 하였다.

학생, 학부형, 지방유지, 인도 교계지도자 등 300여명이 옆에 있는 신학교 강당을 빌려서 헌당 예배를 드리고 2부로 준공식이 진행되었다.

인도 풍습대로 축하의 노래를 부르고 개회 선언에 이어 나의 경과보고와 환영인사가 있었고 문석민 후원회장과 나에게는 인도 측에서 감사패를, 노수길 목사, 썬조이 붓다 건축사 사장에게는 한국 IDEA 협회에서 감사패를 증정하였다. 축사는 지방 자치 단체장 떠뽄 꾸마르롯드로 S.D.S 회장 꼴렌 모잇드로와 문석민 회장이 하였다.

양국에서 준비한 선물을 서로 교환하고 도보로 학교로 이동하며 축가를 부르고 학교에 마련된 테이프 절단, 현판, 축하 촛불 점화 등이 있은 후 기념 촬영을 끝으로 준공식 행사를 모두 마치게 되었다.

2004년 4월 15일 새 학년이 입학하여 이제는 200명 목표 인원 중 70% 정도인 140명의 학생과 9명의 직원이 일하고 있으므로 시간이 흐르고 소문이 나면 계획대로 오전에 영어로 수업하는 200명, 오후에 뱅갈어로 공부하는 200명, 기숙사에 있는 80명 등 약

500여 명이 유료, 무료로 공부하게 될 것이다.

한국 IDEA 협회를 통하여 인도 초등학교를 세우게 됨은 아마도 세계 역사에 처음 있는 일로 이곳을 통해 일부분이지만 아직도 어려운 문제로 남아 있는 인도의 한센병 문제 해결에 도움이 될 것으로 믿는다.

로수길 선교사가 어렵게 미션하우스를 완공, 입주하는 날, 여장을 풀고 사랑교회에서 주일 예배를 드렸다. 마침 서울 사랑의 교회에서 청년 14명이 단기 선교 차 와 있어서 같이 예배를 드리고 다음 날 디길빠라 교회 헌당 예배에도 동참하여 율동과 찬양 단막극으로 입추의 여지없이 성황을 이루어 영광을 돌리게 되었다. IDEA 초등학교를 방문하니 감격스러웠다. 매년 방문을 할 때마다 어린이들이 잘 자라나고 있어 오히려 내가 은혜를 받고 돌아온다.

금년에는 컴퓨터 4대를 구입하여 선생님 한 분이 전담하여 교육하게 되면서 점점 외국인 학교의 면모를 갖추어 가게 되고 새 학기부터는 중학교 1학년 과정도 시작하기로 하였다.

✞ 인도 학자금 수혜현황확인

2002년 12월 23일 인도에 지원하고 있는 장학금 수혜아동을 만나고 인도 IDEA 협회를 방문하기 위해 나와 우홍선 부장이 인도 코인바토르를 방문하였다. 1999년부터 시작하여 아동 200명에게 매월 6,000원씩 지원하면서 처음으로 현지 방문하고 직접 어린이를 만나게 되는 것이었다.

쌴다르 박사를 만나 인도의 한센병에 관하여 설명을 들었다. 이분은 78세의 고령이나 이름 있는 의사로서 지금은 약초에서 신경 치료제를 발명하고자 연구 중이라고 하였다.

제일 먼저 들린 요양소는 외진 산기슭에 위치해 있었다. 150명의 주민이 살고 있으며 물이 적고 메마른 땅이었다. 어른보다 어린이가 많았고 마침 크리스마스 방학이어서 어린이를 만나볼 수가 있었다.

인도 IDEA협회에 우리가 200명을 지원하는데 이 마을에는 겨우 6명이 도움을 받고 있었다. 가정집을 보았는데 그 생활이 너무 어려운 것 같았다. 인도 IDEA협회는 직원이 7명으로 어찌 보면 한국보다도 더 활발해 보이지만 인구가 많고 나라 면적이 넓으니 그럴 수밖에 없을 것이다. 몇 마을을 더 방문했지만 3명~ 4명 정도에게 혜택을 주고 있어 만나기가 미안할 정도였다. 학교에서 공납금 영수증이 나오면 수혜 아동들은 인도 IDEA 협회로 보내고 즉시 송금을 한다 하니 관리는 잘 되고 있었다.

성탄절에는 고팔 박사를 데리고 코인바토르 시내에 있는 교회를 찾아 의미 있는 축하 예배를 드렸고 또 다른 요양소를 가보니 유기질 비료, 약초, 과일 나무, 누에 등을 기르며 경제 사업을 시작했는데 원장의 설명에 의하면 근면 정신 결여로 일을 하지 않으려 한다고 한다.

방문한 우리가 볼 때 교육용은 모르지만 경제 사업은 못 된다고 판단했다. 2003년 2월 16일 인도 초등학교 준공식 때 인도 IDEA 대표로 고팔 박사가 참석하기로 하고 모든 일정을 마쳤다. 단지 우리 사업이 더 활성화되어 다양한 봉사를 할 수 있었으면 하는 아쉬움이 남았다.

✟ 중국과 필리핀 장학금 전달과 교회 헌당

2006년 9월 11일부터 15일까지 중국을 방문하여 도문시 제일고급중학교 학생 100명에게 장학금을 전달하였다. 또한 훈춘제일실험소학교에서도 3년째 장학금을 전달하였는데 이번에는 대학생 10명과 초등학생 80명이 해당되었으며 일반 장학생과 극빈 장학생이 혜택을 보게 되었다. 한편 한성 장로회에서는 창립 40주년을 맞아 도문 경영교회와 화룡시 동성교회를 건축하여 헌당을 하는데 이번에는 설교도 하고 경과보고도 하겠다고 했더니 시 종교국장을 만나 타협해 보니 전혀 불가능한 일이라고 했다.

자기네들이 앞장서서 추진하다가 잘 되지 않으니 나에게 부탁을 해 와서 거절을 할 수가 없었다. 중국의 정서상 어렵다는 것을 이미 알고 있지만 부탁을 해 보았다. 나 혼자 도문을 방문하여 종교국 책임자와 김명숙 담임 전도사를 만나 허용되는 범위 내에서 최대한의 선처를 부탁하고 그간 허돈 장로와 김전도사간의 쌓인 오해를 풀도록 조율하고 다음 날 예배 30분 전에 별실에 모여 협의를 했다. 감사하게도 부국장이 낮은 자세로 양해를 구하고 전화로 언쟁을 여러 번 하던 김전도사도 첫 말부터 용서를 구하니 나이 많은 장로들이 그냥 마음이 열려서 은혜 중에 예배를 드리게 되었으며 유신 교회와 반석교회를 방문하여 예배를 드리고 양육을 했다. 매우 힘든 선교사업 장학 사업이었지만 차질 없이 은혜 중에 마치게 되니 기쁨이 충만하였다.

✟✟ 방글라데시, 태국 선교 방문

방글라데시는 대통령 선거로 말미암아 데모가 심하여 이곳 대사관에서 비자를 주지 않아 인터뷰에 응하기로 하였다. 3등 서기관이 정중하게 상황을 설명하면서 비상사태 선포로 신병을 지켜주기 어렵다고 했다. 회교 국가이기에 우리의 여행 목적을 밝힐 수가 없어 비자 기간이 90일이라는 것을 알기에 일단 허락해 줄 것을 부탁했는데 그는 나를 이미 알고 있다고 했다. 하나님께서 뜻을 이루시려고 예비하셨다는 생각이 불현듯 스쳤다.

방콕을 경유하여 이튿날 오전에 다시 비행기를 타야 하므로 공항 숙소에서 1박을 하게 되었는데 직원들에게 위치를 물어봐도 제대로 아는 사람이 없어 입국 수속을 하고 대합실로 나가서 알아보니 입국장 안에 있다고 했다. 무려 5시간 노숙자 신세가 되어 아침 5시에 다시 출국 수속을 하여 숙소 직원의 안내로 2시간 가량 쉬고 방콕행 비행기에 오르게 되는 고생을 하게 되었다.

알고 보니 신청사를 마련하여 이사를 한지 한 달 밖에 되지 않았다고 했다. 방글라데시 다카 공항에 도착하니 안바울 선교사가 나와 주었다. 지난번에 묵었던 게스트 하우스에 여장을 풀고 샤바르 지역에 기공 예배를 드리기 위해 찾아갔다. 도시에서 약 30분 거리로 여건이 최상급이었다. 예배를 드리는데 정전이 되어 촛불을 켜고 진행하였으나 큰 은혜의 시간이 되었다.

이튿날 문석민 장로가 헌금하여 건축한 발라보 교회 헌당식을 하는데 시골길을 2시간 넘게 달려서 현지에 도착했는데 70평 정도의 예배당을 잘 지어놓았다. 앞으로 유치원과 초등학교 1학년 과정의 소규모 학교를 운영할 계획이 있다고 했다. 시골인데다 생활이 어려워서 학교 교육을 받기가 쉽지 않을 것 같았다.

셋째 날에는 김필립 집사의 헌금으로 우리 협회 5번째 교회 기공 예배를 드리게 되었다. 홀라비아 지역인데 지리적인 여건은 비교적 좋은 편이었고 앞으로 부흥도 빨리 될 것으로 보였다.

23일에는 태국 치앙마이 김문수 선교사를 만나서 랑빵 선교 센터 신축 현장을 방문하고 의자 60개 강대상 1개를 헌납하기로 하고 모든 일정을 마쳤다.

✟ 인도 캐닝 초등학교 방문

2008년에도 예외 없이 인도 캐닝 기독초등학교를 방문하기 위하여 필자와 박명웅, 최재형, 장로 임진채, 사장 통역을 위해 임성아 간사 등이 오전 11시 타이 항공을 이용하여 홍콩 방콕을 경유하여 15시간이 걸려 다음 날 새벽 1시 30분에 목적지 캘커타에 도착하였다. 이번에도 공항에는 노수길 선교사가 나와서 반갑게 맞아주었다. 경비 절감을 하고 현지 실정에 맞추어 선교회 게스트 하우스에 여장을 풀게 되었다. 난방 시설이 없어 침낭 속에 들어가 잠을 청하는데도 추위를 느끼게 되니 동행한 일행들에게 미안한 생각이 들었다. 아침을 맞아 이른 시간에 출발하여 2시간 후 학교에 도착하였다. 먼 거리에서부터 학교 건물이 보이자 인도를 20여 차례나 방문을 했음에도 가슴 설레게 기쁘기만 했다.

줄을 서서 환영하는 어린이를 가슴에 안으니 따뜻한 체온과 함께 사랑이 느껴졌다. 나는 그로 인해 모든 피로가 가시고 은혜가 충만하여 일하는 보람을 만끽할 수 있었다.

개회 예배를 드리고 아동들의 발표회에 참석했는데 입학한지 6년차로 많이 자라나서 제법 다양한 즐거움을 선사해 주었다. 준비해 간 학용품과 선물을 전달하고 나니 한국 할아버지가 왔다며 특식 오찬을 준비해 주었다.

그래서 250여 명이 둘러 앉아 인도식으로 식사를 하며 교류의 시간을 가졌다. 다른 일행들은 시내 관광을 보내고 직원회의를 하는데 영어, 컴퓨터 분야의 담임을 새로 채용하여 이제는 수준 있는 학교로 인정할 만했고 오랜 세월 동안 근무하여 낯이 익어서 의미 있는 교직원 회의를 하게 되었다.

신학교에서 1시간 강의를 통해 "나를 보시오" 라는 제목을 내걸고 파란만장했던 삶 속에서 나를 건져 크게 사용하신 하나님에 대해 이야기하고 목사가 되어 한센인을 위해 사역할 사람은 손을 들라고 하니 처음 왔을 때처럼 3명이 손을 들었다. 나는 그들이 사역할 교회가 한국에서 세워졌으면 좋겠다는 기도를 드렸다.

† 선교사역은 천국의 미션

지금까지 세운 교회와 학교들 중에서 가장 애착이 가는 곳이 물론 있다. 가장 첫 번째는 인도 캘커타에 있는 IDEA 미션스쿨. 하나님의 명령을 듣고 한국에 돌아와서 40일 동안 기도하고 스폰서로부터 40% 기부를 받고 오랫동안 모아놓았던 IDEA협회 기금을 털어서 만든 학교다. 교실 10개에 애들이 200명 정도 다니고 있는데 기숙사에서 80명 정도를 양육하고 있다. 건물을 얼마나 예쁘게 지어났는지 캘커타 건축협회에 월간지 표지사진에 게재가 될 정도였다. 처음에 그걸 지어놓고 얼마나 좋았는지 그 생각만 하면 지금도 가슴이 벅차오른다.

건물이 완공되는 중간 과정까지 사진으로 보고받고 나중에 완공이 되었을 때 후원자들과 관계된 사람들 20명을 버스에 태워서 미션스쿨을 방문했다. 그랬더니 후원자가 기뻐서 어쩔 줄 몰라했다.

그래서 이곳은 지금도 가장 애착이 가는 곳이다.

그 다음에 심혈을 기울이고 있는 곳이 필리핀 딸라 마을이다. 거기에 한센인들이 많이 살고 있는 데다가 사는 집이 말할 수 없을 정도로 환경이 열악하다. 한 가정에 아이가 하나 있는데 영양실조로 죽기 일보직전이었다. 함께 동행한 선교사한테 육신이 건강해야 영혼이 사는 것인데 저렇게 죽어가는데 복음이 제대로 전해지겠느냐고, 당장 종합비타민제를 사다가 먹이고 우유를 사다 먹이라고 돈을 주고 왔다.

그리고는 예배당을 지으려고 3~4개월 후에 갔는데 그때는 이 아이가 토실토실해져 있는 게 아닌가. 눈에 띄게 좋아지는 게 보이는 것이다. 최근에 갔을 때는 아이가 완전히 건강해져 있는 모습을 볼 수 있었다. 이런 이야기를 교회에 가서 하면 은혜를 많이 받는다.

또한 신경을 쓰고 있는 곳이 중국이다. 중국동포가 사는 곳에 우리 교단의 시찰 같은 연변연합회를 만들었는데 정성을 들여 소중하게 키워야 할 곳이다. 지금 자라나는 어린 아이들, 내 얘기를 듣고 감동을 받아서 울던 인도 품동 초등학교의 15살짜리 아이, 그 아이들이 커나가는 것을 보면서 그들에게 미래를 살아가는 밑거름이 되어주고 싶은 게 간절한 나의 소원이다.

나이가 70이 다 되어 가니까 인간적으로 생각한다면 그만하고 싶은 마음도 든다. 하지만 하나님이 10년 동안 내 무릎에 힘을 주신다면, 물론 15년이 될지 20년이 될지 정확한 기간은 알 수 없지만 세계를 누비며 선교할 때 느끼는 은혜, 쾌감, 희열, 감사는 경험해보지 않고는 알 수 없는 것이다. 적어도 향후 10년 동안 이런 추세로 간다면 50개는 짓게 되지 않을까. 물론 전적인 물질적인 후원은 하나님께 달렸지만 말이다(이미 문석민 회장이 교회 50개를 짓겠다고 약속했다).

하지만 너무 감사한 것은 자라나는 아이들을 볼 수 있다는 것이다. 매년 한 번씩 찾아가는데 아이들이 성탄절에 발표했던 무용도 하고 성극도 발표하면서 즐거운 시간을 갖는다. 쾡한 눈에는 눈곱이 끼고 영양실조에 걸렸던 아이들이 건강하게 자라나는 모습을 보면 이 일을 안 할 수가 없다. 내가 가장 자신 있게 이야기할 수 있는 것은 굳은 신념만 있으면 쌓고 싶은 신앙을 단단히 다질 수 있다는 것이다. 물론 주안에서.

지구촌에 살고 있는 1,600만 명의 한센병을 경험했던 사람들이 복음화가 되어야 하는데 이건 하나님이 하실 일이다. 어차피 나는 내 몫밖에 감당할 수 없다. 이제 한센병이 지구촌에서 없어질 날이 얼마 안 남았다. 한때는 한센병으로 고통 받는 사람들이 많이 나올 때는 인도에서만 1년에 70만 명까지 나왔었다. 이제는 유엔에서도 한센병 문제는 95%가 해결되었다고 인정했으니 얼마나 대단한 축복인가.

근래 중국에 중국동포 교회 8개를 세웠는데 그 곳에 시무하는 목회자 8명을 노회에서 교육을 시켜서 작은 시찰을 세웠다. 이게 하나님이 살아 계시다는 증거다. 내가 어떻게 그걸 할 수 있었겠는가? 목사님도 아니고 신학공부를 했던 사람도 아니고 한때는 인생 저 밑바닥에서 그렇게 어렵게 살던 사람이었는데 8개 교회에선 교사 안수를 하게 된 것이다. 왜냐하면 노회에서 해줄수 있는 일이 아니었기 때문이다. 하나님의 은혜로 작은 선교회를 조직해서 목사님들이 안수를 하고 노회에서 파송시켰다. 이건 누구도 생각지도 못할 일을 하고 있는 것이다.

우리가 한 일을 그런 차원에서 홍보하고 자랑한다면 단연 1등이라고 생각한다. 돈을 수백 억을 들여서 한 일은 아닐지라도 이런 일을 하는 사람들은 우리밖에 없다. 앞으로 나에게 남은 비전이나 꿈이 있다면 그것밖에 할 게 더 있겠는가? 하나님이 주시는 천국사업에 기쁨으로 순종할 것이다. 내 집은 이미 천국에 마련되어 있으니까.

나는 언제나 꿈을 꿉니다!
나를 통해 단 한 사람이라도 진정한 치유를 경험하기를,
그들의 외롭고 쓸쓸한 영혼이
나로 인해 따뜻한 손길을 느낄 수 있도록 기도합니다!

이사야

40장 29~31절

"피곤한 자에게는 능력을 주시며
무능한 자에게는 힘을 더하시나니
오직 여호와를 앙망하는 자는 새 힘을 얻으리니
걸어가도 피곤치 아니하리로다."

제3부

파랑새 날다

- 세계로 뻗어가는 국제IDEA협회 -

제6장 국제IDEA협회의 국제활동

제7장 국제IDEA협회의 후원사업

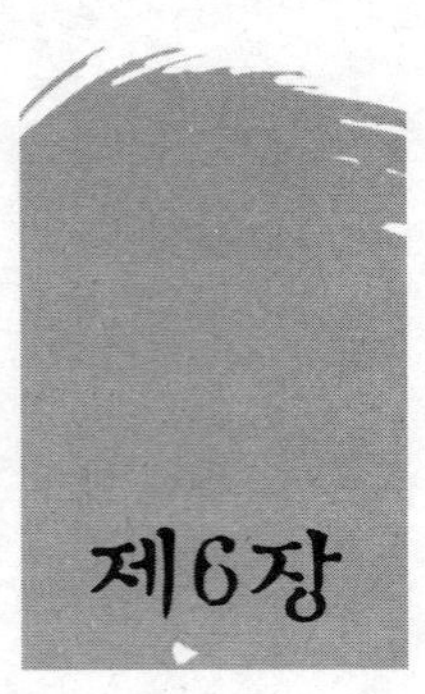

제6장
국제IDEA협회의 국제활동

† 본격적인 활동

†† 1996년

1996년 3월 25일부터 30일까지 중국 광동성 뉴메인랜드 호텔에서 국제 IDEA협회 워크숍이 개최되었다. 1995년 동북아지역을 대상으로 가진 워크숍에 이어 두 번째로 열린 워크숍이었다. 한국에서는 유준 박사와 내가 초청을 받아 참석하게 되었다.

개회식에는 황칭타오 광동성 보건부국장, 수하이드 여사, 지양 칭 박사, 양리헤 박사, 장국성 박사, 고팔 박사, 바크라우 씨, TLMI 트레버 더스틴 총재, ALM 크리스토퍼 도일 회장, ILEP 톰 프리스트 회장이 참석했고, 유준 박사가 개회 연설을 하였다.

양리헤 박사의 말에 의하면 중국은 벌써 법인 설립도 마친 상태이며 칭유안 마을에 양계사업을 소규모이지만 착수하였다고 했다. 다음 해 4월쯤 중국 IDEA 멤버들과 정부 관계자들이 한국을 견학할 수 있도록 주선해 달라고 하여 긍정적 답변을 해주었다.

다음 날 본 회의가 시작되었다. 광동성 청장을 시작으로 12명이 인사를 했다. 물론 필자도 그중에 한명이었다. 이번 모임에는 한, 중, 일, 미, 영, 인, 브라질 등 7개국에서 참석하였다. 중식후 각국의 대표들이 발표를 했는데, 각 나라별로 다양한 의견들이 제시되었다.

브라질의 바쿠라우 회장은 "21년의 암울했던 삶을 소개하고 의사는 사람보다는 연구를 위하고 한센 균을 보더라. 사생활은 생각하지 않더라. 사람의 기본 행복은 병을 고쳐 건강해야 하고 사회에 복귀를 해야 하고 문화생활을 해야 한다. 인권은 누구에게나 꼭 필요하다." 라고 말했다.

그리고 TLMI(영국 기독교 구라회) 더스틴 총재는 "영국 기독교 구라회는 128년의 역사를 가지고 있으며 30개의 나라를 도와주었고 27개 나라에 소량을 지원하고 있다. 그리고 IDEA 는 큰 의미를 갖는 단체이다. 병력자들의 인권 회복을 위해 일해야 하며 다음 세대를 위해 일해야 한다." 라고 말했다. 또 ALM(미국 기독교 구라회) 클리스토퍼 도일회장은 "영국의 영향을 받아 90년의 역사를 가지고 있다. 최근 큰 행사를 치렀다." 라고 말했다.

ILEP 톰 후리스트 회장은 "100개 나라를 돕고 있으며 27개 단체의 연합체이다. 10년 동안의 실적은 미약하였지만 금번 참가한 목적은 다른 협회를 통해 많이 배우고 같은 위치에서 일하고 싶어서이다." 라는 말을 남겼다.

마지막으로 중국 대표 (LUAN LIY) 완리야는 "중국 통계로 보면 280,000명의 환자가 있고 그중 130,000명은 장애 정도가 심하다. 운남 사천 서랑 등 산간 지역에 정착 마을 모델을 만들고 싶다. 그것을 위해서는 긴 시간이 소요될 것으로 생각된다. 나는 한국의 실적을 높이 평가한다"고 하였다.

중국에서는 한센병을 '한센씨병' 으로 표기한다는 것을 알게 되었다. 주홍록 씨의 말을 들으니 작년 본인이 워크숍 강사로 다녀간 후부터 광동성과 중국 정부의 한센병 정책에 큰 변화가 있었다 한다." 라고 말했다.

다음날에는 참석자들이 두 그룹으로 나누어져 요양소를 시찰하고 모든 공식 행사는 마치게 되었다. 이 행사에서 유준 박사는 "한국-한센병 치유의 모델"이라는 연제로 한 시간 동안 연설하고 필자는 "한국 정착 사업의 현황"이라는 연제 하에 체험으로 이룩한 정착 사업 현황과 경제개발이 한센 병력자들에 미치는 영향 및 인간성 회복을 이룩하는 과정을 설명하여 참석한 병력자와 정부 관계자들의 지대한 관심을 갖게 하였다.

행사 중에 그룹별로 요양소를 방문하게 되었는데 한국의 방문단은 시안 병원을 방문하게 되었다. 고온 다습한 기후의 영향도 있겠지만 많은 인력이 정부에서 지급하는 최소한의 생활비만 받고 노동을 하지 않고 있음을 보니 안타까운 마음에 요양소 주민들을 모아놓고 한국의 성공적인 경험을 이야기 해 주었다.

병력자도 충분히 노동을 할 수 있고, 자신이 잘하는 일을 개발할 수 있다는 것을 말해 주었다. 꿈을 갖지 못한 채로 하루하루 생활을 영위하는 그들의 모습이 안타까워 하루 빨리 그들에게 꿈을 심어주고 싶었다.

30일에는 한국 IDEA 협회 회장 초청 만찬을 가졌다. 국제나학회 회장인 요유아사 광동성 위생청장, ILEP 회장, TLMI 회장, ALM 그리고 브라질, 일본, 중국, 인도, 미국 등에서 참석한 76명이 자리를 함께하여 성황을 이루었고, 한국 IDEA 협회에서는 이 행사를 통해 한국 한센병력자들의 잘 사는 모습과 국위를 선양하는 두 가지 효과를 얻게 되었다.

각국에서 온 임원들은 한국의 한센병력자들과 정착 마을에 대한 이야기를 들으면서 무척 경이롭다 했고, 어떻게 그렇게 잘 살아갈 수 있느냐고 묻기도 했다.

✢ 1997년

1997년 4월 15일, 스페인 폰칠레스 한센병 요양소에서 제3차 IDEA 워크숍이 열렸다. 한국에서는 국제 IDEA 협회 회장과 한성 협동회 유진상 이사가 참석하였다.

폰칠레스 병원은 1901년에 카롤로스 신부가 이 지역을 방문하던 중 열악한 환경에서 생활하고 있는 한센병환우를 만나게 되어 친구와 함께 1904년 대지를 구입하여 지금의 병원을 설립하게 되었고 1909년 자가 운영 시설을 갖춘 요양소를 만들게 되었다.

주로 제과, 목공, 제화, 이용, 정원사 등의 기술을 교육했으며 가족 중심의 생활이 시작되었고 일반 사회와 빈번한 교류를 갖게 되어 오늘의 폰칠레스 병원을 이루어냈다고 한다.

현재 사회적인 편견이 없어지고 신앙생활로 상실된 인간성을 회복하고 존엄성 회복을 가져오게 된 것은 한국의 정착 사업과 비슷하다.

현재는 한센병 연구 기관으로 국제적 지위를 갖게 되었고 85년에 걸쳐 2,500명의 환우가 입원한 바 있으며, 나병학 과정은 1947년 개설된 이후 2,000명 이상의 수련의가 참여했으며, 그들이 지금도 세계 한센병 퇴치를 위해 투쟁하고 있다.

120명의 환우만 남아있는데 모두 노년세대이고 비어있는 건물을 수리 또는 개축하여 마약중독자, 정신병자, 에이즈환자, 알코올 중독자들을 같이 수용하고 있어 머지않은 장래에 한센병 요양소를 일반 특수 질환 요양소로 전환할 것이라 하니 여러 나라에 본보기가 될 것이라 생각된다.

한국 IDEA 협회에서는 이번에도 한국의 성공 사례를 발표하여 갈채를 받았고 워크숍 기간 중에 깔페 시장 부부와 행사 관계자 및 참석자들에게 한국 IDEA 협회에서 만찬을 베풀어 한국을 널리 알리고 각국에서 참석한 대표들에게 위로가 되었고 또 희망을 갖게 하였다.

이렇게 눈에 띌 만한 성과들을 대하게 될 때, 나는 큰 보람을 느끼고는 한다. 우리가 그동안 행했던 일들이 전부 헛되지 않았다는 것을 확인하는 순간 느끼게 되는 그 희열은 맛보지 않은 사람은 절대 알 수 없는 것이다. 그런 기쁨과 보람이 있기에 우리가 하는 일들이 더욱 빛을 발하게 되는 것 같다.

9월 10일 오후 6시, 제15차 국제 나학회가 열리던 중국 베이징 인터콘티넨탈 가든 호텔에서 국제IDEA협회 이름으로 한국IDEA협회의 초청 만찬이 있었다.

한국에서 한센병 관련 의사 국제기구대표 국제 나학회 회장 WHO ILEP. ILU. TLMI.독일 구라회 등 100명에게 미리 초청장을 냈는데 초청을 받지 못한 사람들이 초청해줄 것을 요청하므로 한 사람 한 사람 들어준 것이 140명이 몰려와 수용이 불가능하여 문을 잠그게 되었고 한국에서 같이 간 동료 직원들은 끝마친 후 별도로 식사를 하게 되었다.

밥 한 끼 먹는 게 그리 중요하진 않지만 이번 우리가 주관한 만찬은 별 다른 의미가 있다고 본다. 지구촌 한센병 퇴치를 위해 수고하시는 석학들과 사회 단체장들에게 병력자들의 땀 흘려 일해 얻은 수익의 일부를 들여서 식사를 대접하는 일은 아마도 처음 있는

일이라 생각되고 이름 있는 권위자를 140명이나 한자리에 모신다
는 일도 흔치 않을 것이다.

필자의 만찬사에 이어 문석민 후원회장의 환영인사, 중국 병력
자 공호빈 씨의 자작 시 낭송 국제 나학회 요유아사 회장의 축사,
독일 구라회 의료사업 담당자의 건배 제의와 하와이 모로카이 출
신 푸니카이의 하프연주, 한국 팀의 아리랑 합창, 일본 모리모토
부부의 전통무용 등 그야말로 손색이 없는 행사로 높은 평가를 받
았다.

10월 24일부터 11월 1일까지 뉴욕 UN본부 빌딩 1층 로비에서
국제IDEA협회 제1회 한센병 홍보 사진전시회가 개최 되었다. 이
모임은 국제IDEA협회가 주관을 하고 UN본부 코피아난 사무총장
(당시), 나까지마 WHO 사무총장 일본재단 사사까와 요헤이 회장
이 직접 참석하여 후원해 주었다. 이 행사에 한국에서는 나와 박명
웅지부장, 우홍선 부장이 참석하였다.

평소 유엔본부 관람은 지하1층 일부분을 개방하여 세계 각국의
관광객을 맞이하는데 본부 1층 로비를 우리 전시회 장소로 빌려주

었고 코피아난 총장을 비롯한 세계 보건기구 사무총장, 사사까와 회장과 한센병 퇴치를 위해 일하는 각 단체의 대표들 그리고 한국을 비롯한 13개국 병력자 대표들이 참석하고 미국에 있는 20여개의 매스컴 관계자등 이 참석하여 행사를 치르게 되었다.

현재 WHO 사무총장을 맡고 있는 이종욱 박사(당시. 故人)가 세계보건기구 사무실에 근무하면서 금번 행사를 도와주고 한국에서 참석한 일행들을 성의껏 도와주었다. 오후 5시에 300여명이 참석한 가운데 하와이 대표 말로 씨의 식전 축가에 이어 나까지마 사무총장, 사사까와 회장 그리고 본회 회장인 필자의 인사가 있었고 코피아난 사무총장의 치사가 있었다. 사진전 테이프 절단 후 전시장을 오픈하고 밤 8시에는 3층 델리게이츠 연회장에서 백악관을 대신하여 제임스 카빌 씨가 베푸는 리셉션이 있었다.

놀라운 사실은 이분은 베이톤 루지 카빌 요양소에서 어린 시절을 보냈다고 한다. WHO 한센병담당관 누딘 박사의 인사에 이어 사사까와 회장은 축하연설을 통해 IDEA협회에 사업비 500,000불을 지원 하겠다는 약속으로 참석한 모든 분들의 뜨거운 갈채를 받았다. 이번 행사는 창조 이래 처음 있는 일이고 앞으로도 없을 것으로 생각된다.

✝ 1998년

1998년 6월 19일부터 24일까지 일본 도쿄에서 "한센병 회복자 국제 교류회"가 후생성과 사가와 재단에서 예산을 지원하고 일본 IDEA 협회의 주관 하에 7개국 IDEA 협회 회장 및 관계자와 일본의 참석자를 포함한 680명이 참석하여 성대하게 개최되었다. 1996년 일본 정부에서 한센병 예방법 폐지를 결정하고 2주년을 맞아 이 행사를 갖게 되었는데 한센병력자들이 이처럼 큰 규모로 모임을 갖기는 처음이라고 했다.

늦은 감은 있지만 황실에서 국왕 친동생 부부와 고이즈미 준이찌로 당시 후생성 장관과 유관 단체장 등이 참석하여 격려하는 등 크게 배려하는 모습에서 우리도 많은 것을 배워야겠다고 생각했다.

1부 기념식을 마치고 2부에는 한국, 미국, 브라질, 에티오피아, 중국, 필리핀, 일본 등 7개국 대표들의 발표회를 가졌다. 토푸 교오까이(등풍협회), 오타니 회장의 사회로 진행된 이 행사에서 나는 "한센병 퇴치를 위한 치유자의 역할"이라는 제목으로 발표하면서 미래를 포기하지 않는 완치의 확신으로 자활의 길을 실천, 경제 활동을 병행하는 치료, 질병 퇴치와 병행한 질병의 치료, 자정 활동을 통한 사고방식의 변화 등에 대해 이야기했다. 이러한 것들을 실천하기 위하여 한국에서는 경제활동을 장려해 왔으며 이로 인해 한국은 획기적 성과를 거두게 된 점을 이야기하여 다른 나라와는 전혀 다른 연제로 갈채를 받았다.

전생원, 한센병 자료관, 청송원 등 요양소를 방문하고 일본에 거주하는 동포들의 환영 모임을 가졌는데 이번 한국 대표단의 발표 내용과 건강한 모습에서 자부심을 갖게 되었다고 즐거워하며 청송원에 계시는 김영균 씨가 한국 IDEA 협회 후원금으로 200,000원을 희사하였다.

6월 29일부터 7월 4일까지 하와이에서 국제 IDEA협회 제3회 사진 전시회를 개최하였다. 전시장은 하와이 시청 홀을 사용하였고 7월 2일 17시에 개회식 행사와 개관 테이프 절단이 있었다. 나는 개회식에서 국제 IDEA 협회 회장으로서 개회 인사를 하였고, 하와이 시의회 의원이 참석하여 환영 인사를 하였다. 하와이에서 발간되는 신문에 행사 내용이 게재되어 홍보되고 방송국에서도 적극적으로 도와 직원들이 직접 나와서 전시하는 일을 돕는 모습은 한국에서는 보기 드문 것이었다. 그들의 겸손하고 헌신적인 모습에 도취되었다. 그리고 그런 모습을 본받아 한국에서도 그런 모습이 보편화될 수 있도록 변화해야겠다는 생각도 하게 되었다.

7월 3일에는 하와이 주지사가 주관하는 초청 만찬이 있었다. 하와이에서는 TV 광고 시간에 모로카이 갈라우에 파파 요양소를 관광, 레저의 명소로 대대적으로 홍보한다고 했다. 또한 모로카이 공항에 요양소 병력자들 몇 명이 직원으로 일하고 있는 모습이 특이했으며 사회 복귀에서는 우리를 앞서 가고 있는 듯 했다.

이 모든 일은 다미안 신부님이 생전에 이루어 놓은 업적이라 생각되었다. 그분의 사랑과 헌신이 있었기에 많은 사람들이 하나님을 만나고 자신의 아픔을 치유할 수 있었던 것이라 생각한다. 널리 알려진 일이지만 갈라우에 파파 요양소에 있는 묘지에는 신부님의 오른손만 묻혀있고 진짜 시신은 벨기에 부루셀 성당에 묻혀있다고 했다. 이유인즉 신부님이 별세한 후 이미 장례는 끝났지만 벨기에 국민들이 국왕에게 신부님의 시신을 이장해야 한다고 계속 요청하여 당시 미국 대통령과 국왕이 협의, 시신을 해군 군함으로 수송해 부루셀 시민의 대대적인 환영 속에 생전에 다니던 성당으로 이장하였다. 그러나 하와이 주민들과 요양소 환우들의 간청으로 오른손을 갈라우에 파파에 돌려주었다고 했다.

신부님은 생전에 많은 업적을 남기셨다. 몸과 마음이 아픈 사람들과 늘 함께하며 그들을 치료하기 위해 언제나 애쓰셨다. 그분은 병자들의 친구이자 아버지였고, 그래서 많은 이들을 신부님을 존경하고 따랐다.

그분이 돌아가신 후에도 많은 사람들이 기억하고 추억하는 것만 봐도 신부님이 얼마나 큰 의미였고, 큰 존재였는가를 확인할 수 있다. 그분은 오랜 시간이 흐른 뒤에도 많은 이들의 가슴 속에 살아 있을 것이다. 그리고 그분의 넋을 기리며 그분께서 꿈꾸셨던 것들을 또 다른 누군가가 이루어가게 될 것이다.

9월 4일부터 9월 16일까지 중국 요양소 방문과 제2회 국제IDEA협회 총회, 제15차 국제 나학회 참석을 위하여 한국에서는 본회 회장인 필자 부부. 후원회 문석민 회장 부부, 박명웅, 김정명 지부장, 신광현, 우홍선 한성협동회 직원, 오종화 상무, 김현수, 이성배, 김재홍, 김재열, 문규한 이사 부부 등 16명이 참석하였다.

9월 7일 제15차 국제 나학회가 개최되어 개회식에 전원이 참석하였고 제 2회의실을 빌려서 국제IDEA협회 주최로 각국 IDEA대표들을 모아서 사회 경제발전에 관한 세미나를 가졌다. 한국의 참석자 중에서 문석민 후원회장의 성공적인 한국의 정착사업 사례 발표가 있었고 뒤이어 필자의 "한국 정착사업의 발전사"에 관한 발표가 있었다.

특히 이번 중국방문에서는 광동성 시안병원과 순덕시에 있는 馬洲의원, 고명시에 있는 潭山의원 등을 찾아 주민들에게 자립정신 교육을 하고 한국과의 유대를 두텁게 했으며 자활의욕을 북돋아주기도 했다.

또한 중국IDEA협회 사업으로 燕子직업학교를 아파트를 세내어 설립하여 8차에 58명이 입학하여 수료하고 일반 사업장에 취업하는, 규모는 작지만 큰 성과를 거두고 있음을 보게 되었다.

9월14일 오후 6시 50분, 광동성 광주시 백운호텔에서 국제IDEA협회 제2회 정기총회가 열렸다. 상정 안건으로 정관수정과 회장단 선거가 있었는데 지역이사를 없애고 각국 대표1인씩을 두기로 하고 회장단은 모두 유임시키기로 결의하여 본회 회장도 임기가 연장되어 필자 역시 5년 동안 국제 회장직을 가지고 일하게 되었다.

✝ 1999년

1999년 3월 11일, 미국 카빌 요양소 이전을 반대하는 평화적 시위에 국제 IDEA협회 회장단이 와 달라는 요구가 있어 필자와 문석민 회장, 김혜순, 배영순 권사 등 4명과 미국 본부 관계자, 일본 IDEA 협회 관계자들이 참석하여 카빌 환우 69명과 합세했다.

루이지애나 카빌병원에서 카빌병원 이전 반대와 '세계 인권 회복의날' 평화 행진에 국제IDEA협회 회장 자격으로 필자와 문석민 후원회장등 5명이 참석 했으며 일본IDEA협회 관계자들도 참석하였다.

카빌 병원은 1940년경 한센병 주치약인 DDS를 임상 실험으로 발견하여 학자들의 계속적인 연구로 신약을 생산, 오늘날 지구촌에서 한센병 문제가 거의 마무리 단계에 이르게 한 의미 있는 병원으로 직간접적으로 세계 한센병 퇴치에 가장 크게 공헌한 곳이기도 하다.

그런데 미국 정부에서는 입원 환자수도 69명으로 줄어들어 이미 시내로 떠난 사람들처럼 이사를 할 경우 정부에서 연간 미화 3300불을 지급하고 세금, 의료비등 전액무료로 도와준다 해도 전원이 다 옮겨 갈 수 없다고 주장을 하게 된 것이다.

하루 종일 노약자들이 병원 경내 일부를 돌며 시위행진을 하는데 IDEA 협회도 합세하였다. 클린턴 대통령에게 보내는 호소문은 푸니카이가, 연판장은 원생 대표 Sam Wilson씨가, 취지 설명은 미국의 호세 씨가 낭독했다.

이 평화 시위를 미국 매스컴이 동원되어 취재 홍보하고 저녁 뉴스로 다루어 주었다. 결국은 정부에서도 원생들의 요구를 다 들어주기로 결론이 났다. 한국 대표들은 카빌 병원장 제이콤슨 박사와도 면담하여 부탁을 하고 카빌 병원생들과 일본에서 참석한 IDEA 회원들에게 문석민 회장은 한국을 소개하고 하나님께서 주신 물질을 한센병력자를 돕는 사업에 아낌없이 보태겠다는 약속으로 갈채를 받았다.

미국에서의 성공적인 평화시위를 마치고 나니 11월, 인도 델리에서 열린 국제 웰레스 레이 베일리 시상식에 참석하게 되었다. 수상자는 필자와 일본의 히라사와, 미국의 버나드, 수리남의 험베트 윌리암스였다.

영국 기독교 구라회(TLMI)에서 120여 개 나라에 125년에 걸쳐 구라사업을 펼쳐오고 있던 가운데 한센병사업에 기여한 공이 있는 사람을 추천받아 2년에 한번 공적 심사를 거쳐 선정된 사람에게 시상을 하고 있었다.

시상식은 개회 예배에 이어 영국 더스틴 총재의 수상자 공적 내용, 인도 책임자 월터 박사의 인도 TLM 활동보고 그리고 인도 내무부 아론 쇼우리 장관이 시상한 후 수상자의 소감을 듣고 축하 리셉션을 끝으로 모든 행사를 마치게 되었다.

나는 수상 소감 연설에서 여생을 한센병 퇴치와 병력자 인간성 회복, 경제 자립, 지위 향상에 바칠 것이며 주어진 상금 1,000파운드는 베트남 한센병 요양소 벤산병원 전산 시스템 시설비로 기증하겠다고 약속표하여 참석자들의 기립 박수를 받기도 했다.

† 세계로 세계로

†† 2000년

몇 개월 지나지 않아 2000년 2월에는 인도 ILU 국제상을 수상하였다. 시상식에 앞서 라자기리(RAJAGILI)대학에서 캐랄라주 보건부장관을 비롯한 내빈들과 함께 학생들의 대대적인 환영을 받으며 행사장에 입장 대학생들에게 한국의 정착사업 성공사례 발표를 하고 난 다음 수상을 하게 되었다. ILU회장 고까레 박사의 자세한 공적 소개 후 상을 받고 상금으로 25,000루피를 받았다. 이 상을 받은 덕에 필리핀 한센병 요양소에 컴퓨터를 구입하여 전달할 수 있었다.

언젠가부터 참으로 많은 상을 받으면서 살게 된 것 같다. 처음 새마을 훈장을 받았을 때부터 세계 곳곳에서 갖가지 상을 받기까지 많은 일들이 있었다. 상을 받기 위해서 열심히 일한 것은 아니지만, 하나님께서 주시는 열정으로 모든 일에 최선을 다했기에 계속해서 상을 받아올 수 있었던 것이 아닐까 한다. 그것은 사람이 주는 것이 아니라 하나님께서 나에게 주시는 위로와 격려의 표시가 아닐까 생각해 보게 된다.

11월 9일부터 12일까지 아세아 나학회가 인도 아그라 팔레스호텔에서 개최되었다. 한국에서는 한센복지협회와 한국 IDEA 협회에서 20여명이 참석하였다. 본 학회는 제2회 정기총회가 열린 북경 대회 이후 5년을 기다리기 전 아세아에서 중간 1차 학회를 갖기로 하여 열리게 되었다.

그 첫 번째로 인도 아그라에서 회의를 열게 되었으므로 한센복지협회에서 박선규회장과 임원들이 부부동반으로 참석하고 우리

IDEA 협회에서는 필자가 우흥선 부장을 통역으로 같이 가게 되었다.

세미나 연사로 캘커타 선교하는 일로 인도는 여러 차례 방문했었지만 아그라는 처음이었다. 델리에서 아그라까지 버스를 타고 이동했는데 곳곳에서 보는 인도 시골의 풍경은 극히 초췌했다. 아그라 또한 옛 도시의 명성을 유지하기는 했으나 그곳에 사는 사람들은 빈곤한 생활을 면치 못하고 있었다.

아그라에서 열린 학회에서는 각국의 활동상황이 각축전을 이루었다. 인도, 네팔, 일본, 미국, 중국 IDEA 협회 대표들이 각국의 활동 상황을 발표하였는데 특히 중국 남강시 강복마을 경제사업의 변화에 대하여 양리헤 박사를 통해 자세한 설명을 들었다. 12일에는 사회분야 좌장을 보좌하여 발표자들의 진행을 돕고 한국의 정착사업 성공 사례를 내가 발표하게 되었다. 연제 발표가 끝나고 질문 시간에 각국의 참석자들은 한국의 경제 자립, 사회 복귀, 질병 퇴치 등에 대해 더 자세히 알고자 하였다.

한국 IDEA 협회는 영국 기독교 구라회(TLMI) 아세아 책임자 삼손 박사, 싱가포르 책임자 제프리 장로, 방글라데시의 책임자 크리스토퍼씨가 참석하여 2001년 8월에 서울에서 대회를 개최하고 2주 동안 실습할 것이며 인도, 방글라데시, 네팔에 필요한 병력자

지도자를 영국 기독교 구라회(TLM)에서 추천해 주기로 하고 2001년 3월 중 현지답사를 위하여 삼손 박사가 내한하기로 결정하고 모든 회의를 마쳤다.

✝ 2001년

2001년에는 서울에서 사회 및 경제발전에 관한 국제 워크숍을 열었다. 이 모임에는 영국, 일본, 인도, 중국, 네팔, 방글라데시, 인도네시아, 필리핀, 한국 등 병력자 및 IDEA 관계자 300여 명이 참석하였다. 15일 동안 병력자에게는 정착 농원에서 양계, 양돈의 사양 기술과 직접 자활할 수 있는 생활 방법을 체험케 하였다. 이 행사를 위하여 영국기독교구라회(TLMI), 일본기독교구라회(JLM), 한국기독교구라회(KLM)가 적극 동참하였고 소요 예산도 후원해 주었다. 이 행사 역시 이제껏 다른 나라에서는 상상도 못했던 일로 각국의 관심을 끌었으며 책자를 발간하여 30여 개 회원국과 IDEA 관계자에게 배포하였다.

9월 19일부터 27일까지 영국 기독교 구라회(TLMI) 주최로 한센병 홍보 워크숍이 방글라데시 다카에서 열렸다. 공식 초청을 받아 필자와 김동일 부회장이 참석하게 되었다. 당시 필자는 척추 전방 전위증 진단을 받고 수술을 하자는 것도 미루고 출국을 감행했다.

신학교 학장의 개회 설교로 행사가 시작되었다. 참석자는 목회자가 대부분이었고 의료인 TLM 멤버들이었다.

영국 기독교 구라회(TLMI)와는 2001년 8월 "사회 및 경제 발전에 관한 국제 워크숍" 행사를 같이 추진하여 한국을 너무도 잘 아는 관계로 이번 워크숍에 한국을 다카에 소개하고 한센병 퇴치를 위하여 종사하는 지도급 인사들에게 질병 치료와 사회 복귀의 모델인 한국 정착 사업 성공 사례를 들려주어 정책에 반영하고자 하여 초청한 것이라 한다.

영국 본부 강사는 "왜 우리는 여기에 왔나" 라는 제목을 주고 2명이 짝을 지어 토론 발표하게 하였다. 나는 준비해간 슬라이드를 보여주며 45분여 동안 발표를 했는데 모두 처음 들어보는 내용에 놀라움을 금치 못했다. 나는 방글라데시도 지도자들이 실천에 옮겨 방글라데시의 한센인들이 경제적으로 자립하게 되었으면 좋겠다는 생각을 했다.

방문단은 다카 일정을 마치고 GMG 회사에서 운영하는 48인승 비행기로 치타공을 찾았다. 치타공은 다카 다음 가는 도시이다. 마침 대통령 선거가 임박하여 벽보를 부치고 가두선전도 하였는데 문맹자가 많아서 정당표시가 어려웠기 때문에 배당, 의자당, 곡괭이당, 집단당 등의 그림으로 표시한 것이 특이하였다.

영국 기독교 구라회(TLMI) 사무실에서는 3개 군에서 근무하는 의료인 관계자들과 30개 지방에서 참석하는 관계자들을 대상으로 3개월마다 1번씩 교육을 한다고 한다. 이들을 대상으로 한국의 사례를 전달하는 시간을 가졌다. 이 나라는 모슬렘이 국교이므로 금, 토 양일은 쉬고 일요일에 일을 시작한다. 다시 한국에 왔던 병력자를 만나서 교육의 효과를 알아보았다.

한국에 왔을 때 주변에서 용돈을 받았던 수바 여인은 350불을 안 쓰고 모아 돌아와서 땅을 사고, 딸 결혼시키고, 남편에게 구멍가게를 내어주고, 닭을 기르는 등 기틀을 잡았다는 반가운 이야기를 직접 들었다. 지난번 한국 워크숍의 알찬 성과에 보람을 느꼈다.

영국 기독교 구라회(TLMI)에서 세대 당 60불을 무이자로 융자해 주어 경제 사업을 시작했는데 성과가 좋아 75%의 자금을 회수한다고 한다.

700명의 직원이 일하는 봉제 공장을 찾아 한센병 계몽 강연을 하고 슬라이드 상영을 했다. 이 나라는 한국의 60년대처럼 학교나 사람이 모이는 거리 등에서 연극도 하고 계몽을 위한 강연도 하고 있다. 다카에 있는 신학교에서 교역자를 상대로 마지막 홍보 행사를 하고 귀국하였다.

✟ 2002년

2002년은 색다른 행사를 주관해 기념할만한 해였다. 2002년 6월 13일부터 17일까지 국제 IDEA협회 주관으로 뉴욕에서 여성대회를 열었다. 한국에서는 당시 안동노회 여전도회 부회장인 최희자 권사와 필자 그리고 통역을 위해 우홍선 부장이 참석하였다.

뉴욕 세네카폴에 있는 국제 IDEA 협회 본부 사무실과 자료 전시실을 겸한 건물에서 여성들만 모여 한센병으로 또는 여성이기 때문에 겪는 불편한 점과 불이익을 당하고 있는 각국의 사례 등을 발표하였다. 10개국에서 50여명이 모였는데 이번에는 수리남에서도 참석하였다. 몇몇 나라에서는 미국 비자를 받지 못해 불참하게 되어 안타까움도 있었다.

둘째 날 루즈벨트 재단 부이사장의 연설에 이어 한국의 대표 최희자 권사의 차례가 되었다. 본인의 일생을 통한 경험, 도전적 정신으로 이겨낸 질병에서의 해방, 빈곤으로부터의 해방 등 자신의 신앙 간증으로 많은 박수를 받았다.

여성들이 자신의 목소리를 내고 자신만의 세계를 펼쳐나가는 모습은 무척 보기 좋았다. 최희자 권사가 많은 사람들 앞에서 자신의 이야기를 할 때, 내가 늘 봐오던 모습과는 사뭇 달라서 낯설기도 했지만, 남자들이 연설을 하는 것만큼, 아니 그 이상으로 멋지다는 생각이 들었다. 자신이 겪었던 이야기를 들려줌으로써 많은 이들을 감동시킬 수 있었고, 도전 정신을 심어주는 뜻깊은 기회였다.

8월 4일부터 9일까지 브라질 살바도르에서 제16회 국제나학회가 열렸다. 살바도르는 450년 전에 세운 도시이고 280만 인구가 사는 브라질의 3번째 도시이다. 브라질 8,000㎞ 해안선 중 1,200㎞의 해안선을 가지고 있는 휴양도시이기에 금번 회의를 유치하게 되었다 한다.

나학회의 참석도 중요하지만 국제 IDEA 협회 회장단 회의와 각국의 코디네이터 회의를 열기 위하여 한국 IDEA 협회에서 신광현, 신승호, 김재홍, 우흥선 등이 참석했다.

코디네이터 회장단 연석회의에서는 회장단 회의에서 결의한 내용을 설명했고 필리핀 여성 참석자로부터 편견과 경제적 어려움에 대해 이야기했다.

이번 모임에서 방글라데시 치타공의 한센병 병원 Dr. 몽을 만나 2001년 9월 앞으로 방문 때 의논한 치료실을 겸한 교회 신축 문제를 협의했고 인도의 Dr. 삼손을 만나 앞으로 인도에 한센병력자 자녀의 보육시설에 1명당 매월 5불씩 지원하는 아동학자금 요청과 영국 기독교 구라회(TLMI)소식을 전해 듣기도 했다.

✟✟ 2003년

2003년 12월 1일부터 5일까지 국제 IDEA 협회 워크숍이 나이지리아 아부자시에서 열렸다. 나이지리아에서는 처음으로 개최되는 워크숍으로 전국 16개주에서 남, 여 대표 각 1인씩 참여하였고 한국, 인도, 에티오피아, 미국, 영국 등 6개국에서 60여 명이 모였으며 영국 기독교 구라회, 네덜란드 구라회, 독일 구라회 등이 후원하였고 국제 IDEA 협회 주관으로 행사가 진행되었다.

나이지리아에서는 1억 2,000만 명의 인구가 살고 있으며 1991년에는 한센병 신환자가 20만 명에 이르렀는데 현재는 6,000~

7,000명 정도로 많은 감소 추세라 한다. 마무리 단계에 있는 한국과는 비교가 되지 않으나 짧은 기간에 한센병 문제는 해결될 전망이었다.

필자와 한빛복지협회 우홍선 부장이 이 행사에 참석하여 한국의 성공적인 한센병 퇴치와 경제 개발 사업 경험을 소개하여 큰 관심을 갖게 되었다.

✝ 2007년

국제 IDEA 협회 총회가 2008년 1월 30일부터 2월 4일까지 인도 하이드라바드컨벤션 센터에서 열렸다. 5년 임기의 회장을 다시 선출하고 결산 예산을 승인하는 중요한 회의였다. 특히 필자에게는 필자의 재신임도 중요했지만 한국의 (사)한빛복지협회 임두성 회장을 회원국 대표들에게 소개하여 금번 총회에서 국제 이사로 추대하는 일이 더 중요한 만큼 조금은 긴장이 되었다.

보고를 받아보니 금번 회의에는 아프리카에서 여러 나라들이 참석하여 26개국에서 약 200명이 참석하여 다른 때보다 2배 정도 많은 나라들이 참여하였다. 3일 간의 일정을 마치고 2월 2일 밤 공식 이사회에서 추대 받아 총회의 추인을 받으면 되므로 내가 정식 추대 발언을 하였다. 6개월 전 뉴욕 회의 때부터 물밑작업을 시작하였으므로 큰 어려움은 없었지만 정관을 먼저 개정하여 정원을 1명 늘려놓아야 하는데 미국에서 3명의 이사가 불참했으므로 스피커폰을 열어 놓고 개인마다 동의를 받아 결국은 만장일치의 결정을 하게 되었다.

회장들은 1임기 유임하기로 결정하여 총회 추인을 받아 필자도 5년 동안 회장 일을 더 하게 되었다. 그러므로 한국에는 회장 1명과 이사 1명으로 임원이 2명으로 늘어나게 되었고 모두 축하의 인사를 보내왔다.

✟ 2008년

2008년 1월 30일 제17차 국제 나학회가 인도의 5번째 도시 하이드라바드 컨벤션 센터에서 열렸다. 대한 나학회 김종필 박사와 김주덕, 조상래, 최규태 박사와 그 일행 그리고 우리 협회에서 7명 등이 참석하였다. 인도 캐닝 IDEA MISSION SCHOOL 을 방문하여 행사를 하고 1월 30일 현장에 도착하여 등록을 마치고 오후 3시 개회식에 참석하였다. 닥터 누딘과 닥터 월터가 공동 회장을 맡아 준비하여 진행되었다.

금번에도 일본 사사까와 요헤이 회장이 일본재단 예산을 지원하여 중심에 서 있는 것 같았다. 세계의 석학들과 관계자 그리고 우리 협회 회원과 각 나라 대표 등 2,500여 명이 모였다. 창조 이래 금번에는 한센 병력자 단체인 우리 협회에 조직 위원 2명을 참여케 하고 모든 프로그램의 30%를 사회복지 분야에 할애하여 비의료인들이 대거 참여할 기회가 열리게 되니 지구촌에서 한센병이 완전 해결 단계에 와 있음을 실감하게 하였다. 31일 9시 드디어 내가 발표할 시간이 되었다. 150 명 정도를 예상하여 발표 자료와 팸플릿을 준비하여 회의장에 가보니 1,500석이나 되는 메인홀이었다. 누가 그 자리를 메워 줄 것인지, 당황스럽기만 했다. 그래도 일행들에게 팸플릿을 나누어 주게 하고 부좌장석으로 갔다. 그날 좌장을 맡은 고까레 박사는 불참하여 고팔 박사가 나와 함께 진행을 하게 되었다.

그런데 이게 웬 일인가? 완전히 만석이 되어 있었다. 도저히 믿기지가 않았다. 다만 하나님께 감사하며 오랜 기도의 응답에 놀라울 뿐이었다. 3번째로 학회에서 발표를 했는데 그야말로 대박을 터뜨린 격이었다. 연제 발표를 마치니 모두 기립박수를 보내 주었다. '한국의 한센인들의 경제발전과 인간의 존엄성 회복에 관한 보고' 라는 연제로 발표했으며 필자의 한센병 경험을 간단히 소개하는 소책자를 배포했을 따름이었다.

2월 3일 임두성 회장은 한국 한센특별법 제정과 인권 피해 사례를 동영상으로 발표했는데 완전히 흥분의 도가니로 만들어 놓았다. 모두들 한국이 1등이라고 기뻐하며 칭찬해주었다. 제18차 학회는 벨기에에서 개최할 것을 결의하고 막을 내렸다.

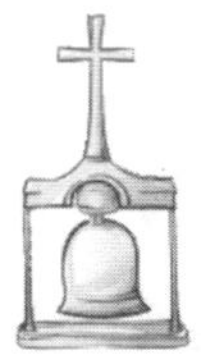

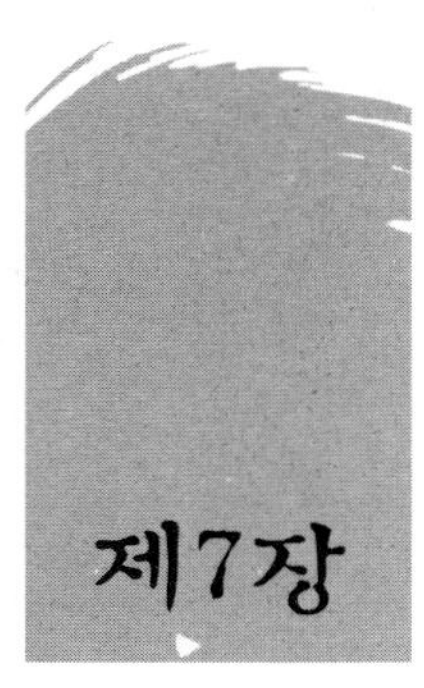

제7장
국제IDEA협회의 후원사업

† 첫 해외출장, 말레이시아

WHO 후원으로 말레이시아, 베트남, 중국의 한센병 시설을 방문한 1993년은 어쩌면 국제IDEA협회의 활동력을 넓히도록 준비하는 해였던 것 같다. 10월 17일~11월 5일까지이며 차윤근 박사, 고영훈 연구원장, 보건복지부 담당 김순철 사무관이 동행을 하였다.

그동안 해외 나들이는 몇 번 했었지만 공무로 여행비를 지원받아 해외 출장을 가게 된 것은 처음이었다. 아마도 한국의 한센 병력자로서는 역사 이래 처음 있는 일이라 생각되어 고마운 마음도 들었지만 그 이전에 잘해야 한다는 책임감 때문에 약간 부담스럽기도 했다. 말레이시아 항공 탑승 수속을 마치고 대합실 TV 뉴스 속보를 보니 여객선이 사고로 침몰되어 많은 인명 피해를 입은 후 선체를 인양하는 작업 현장이 방영되고 있었다. 예나 지금이나 안전을 소홀히 하여 대형 사고가 일어나는 것은 남의 일로만 여기는 불감증 때문이다. 그래서 우리나라의 체면이 말이 아니다. 이런 것도 속히 고쳐져야 할 일이다.

첫 번째 출장의 설레는 마음을 안고 말레이시아 쿠칭 공항에 도착하여 1시간가량 휴식을 취한 후 국내선으로 쿠알라룸푸르 국제공항에 도착하였다. 공항택시를 이용하는데 회사에 미리 요금을 계산해서 그런지 난폭운전도 바가지요금도 없어 우리나라보다 앞서 가는 나라라는 생각이 들었다.

택시에서 내려서 바로 WHO 사무실을 찾아 여직원을 만나고 국립요양소 방문 일정의 도움을 요청하여 쿠알라룸푸르 국립 요양소에서 차를 가지고 일행을 안내해 주었다. 그곳 싱가이부르 병원은 1926년에 설립되었고 다른 지역에 두 개의 병원이 있었는데 지금은 입원자가 없어서 폐쇄되는 단계에 와 있으며 설립 당시에는

3,000명의 환자가 있었으나 필자가 방문했던 때에는 환자들이 780명밖에 없었다. 그리고 치료 후 퇴원 진단서를 주어 귀가를 시키면 다시 돌아오는 사람은 없었다. 이는 주민이나 당사자들에게 병에 대한 인식이 잘되어 있었기 때문이었다. 병원에서도 다른 질병처럼 평범하게 처리하고 있는 모습을 보면서 여러 면에서 상당히 앞서 가고 있다는 것을 알 수가 있었다.

우리나라도 이와 같았다면 정착마을이 필요 없었을 것이다. 말레이시아의 정책은 WHO에서 권장하는 대로 한센병 환자가 치료를 받은 후 일반인과 동일한 삶을 살아가게 하는 것이다. 그곳에서도 한쪽은 병원과 거리를 두어 원생 일부를 정착시켰는데 그분들의 생업은 원예 꽃 재배 분재 등이었고 가끔 빈 집이 생기면 일반인들이 몰래 들어와 살게 되었는데 당국에서 쫓아 보내고 있다고 했다. 이처럼 한센병 문제가 해결되면 인간의 존엄성 회복은 자연스럽게 따라오게 되는데 병원 시스템만으로는 불가능하고 경제활동이 자유롭고 윤택해지면 멀어졌던 사람들이 근접해 오는 것을 경험을 통해 알게 되었다.

말레이시아에서는 5년 전부터 단기 입원자의 입원 기간이 21일로 단축되어 치료가 끝난 사람은 병원에 기대어 살지 못하게 하고 있다고 했다. 강제 수용법은 한국보다 6년이 늦은 1969년에 폐지

되었다. 용돈에 대해서도 알아보니 월 말레이시아달러로 5불, 원화로는 2,000원이고 건강하여 일을 하는 사람은 60,000원 정도라 했다.

이 나라도 앞으로는 신환자가 없으니 일반 병원화한다고 하는데, 일반 종합 병원을 둘러보니 한센병 환자와 일반 환자가 같이 입원실을 쓰고 있는 모습을 볼 때, 가능할 것으로 인식되었다. 병원 의사들과 직원들에게 국제 IDEA 협회 행사에 병력자 대표를 파송해 달라고 요청하니 그 문제는 나협회에서 관여할 일이라 했다. 지금도 말레이시아에서는 크게 관심을 갖지 않고 있는데 그것은 더 이상 신환자가 없고 기존 병력자들도 고령인데다 그 수가 감소하여 활동할 사람이 없기 때문일 것이다.

† 베트남에서 펼친 IDEA의 희망

1993년 9월 20일 14시경 베트남 하노이 상공에서 지상을 내려다보니 한 눈에 봐도 경제적으로 저개발국가임을 알아볼 수 있었다. 가난한 나라와 그렇지 않은 나라는 공중에서 산천을 보면 알 수 있기 때문이었다. 공항에 나가니 'JUNG SANG KWON' 이라고 쓰여진 피켓을 들고 번 박사가 마중을 나와 있었다.

봉고차를 타고 50㎞ 거리의 시내를 향하여 가는데 길은 편도 1차선으로 되어 있었고 교통질서는 지켜지지 않았다. 게다가 자전거, 우마차까지 도로를 같이 사용하고 있었다. 도로 양옆에는 오토바이를 위하여 유리병에 휘발유를 담아 판매하고 있었는데 그 모습이 무척 생소했다.

차에서 내리자 레킨듀에 박사가 나와서 나를 맞이해 주었다. 그는 하노이에서 한센병을 진료하는 권위자로서 국제회의에서 베트남 대표로 활동하고 있는 사람이었다. 나를 숙소로 안내하는데 옛날 국방부 고위간부 숙소로 사용했던 건물을 호텔로 사용하게 되었는데 하노이에서는 제일 좋은 호텔인 듯 했다. 그 호텔을 보는 순간 오래 전 러시아 여행을 할 때 소련 우주 과학기지 숙소에서 하룻밤을 보냈던 생각이 났다. 그곳에서 하루를 보내고 '국립 성병, 피부병 연구소'를 시찰하게 되었다. 그 병원에서는 한센병과 에이즈도 취급하고 있었다. 마치 우리나라의 보건원과 국립의료원의 기능을 합쳐 놓은 것 같은 역할을 하고 있었다.

베트남에는 53개 도마다 도립 병원이 있었는데 각 군마다 병원이 있고 개인 병원에는 입원실을 허락하지 않았다. 이 병원에서는 한센병도 진료를 하는데 100 베드 중 20 베드를 할애하여 주고 있다. 입원중인 한센환자는 대부분 신환자였는데 모두 젊고 건강했다. 그런데 아직 한센병 환자가 존재한다는 것만으로도 그 문제가 아직 해결되지 않았다는 것을 알 수 있었다. 한센병력자 작업장에 가보니 모두 젊고 건강하여 내가 봐도 구별이 안 될 정도였는데 주로 재봉 기술을 가르치고 있으며, 그것도 각 도에서 추천받아왔는데 겨우 한 명씩만 받아 준다니 하늘의 별따기나 마찬가지였다. 하지만 과정을 수료하면 일반 양복 양장점에 전원 취업되고 교육비는 전액 국가가 부담한다고 했다.

다음으로 쾅린에 가기 위해 차를 탔는데 레킨듀에 박사의 설명을 들으니 베트남은 구정에 3일, 신정에 1일, 해방 기념일, 크리스마스가 법정 공휴일의 전부라는 것이었다. 종교는 자유라고 했다. 그리고 쌀의 최대 수출국답게 차창 밖에는 모두 논만 보였고, 산을 보기가 힘들었다.

베트남의 시골 장터에서는 돼지고기 1kg에 1,000원. 사과는 240원. 쌀은 1,600원으로 매우 저렴했다. 그렇지만 그곳에서는 1일 노동자의 노임이 1,600원이었기에 그들에게는 만만치 않은 물가였다.

가는 곳곳마다 도로 사정이 너무 좋지 않아서 차바퀴가 빠지면

버스가 끌어주었고 물건을 배에 싣고 가기를 거듭한 후에 쾅린
HA KOWG 호텔에 여장을 풀 수 있었다. 그리고는 오후에 다시 카
페리를 타고 중국 국경 지역인 읍 소재지 보건소를 찾았다. 15명의
공직자들이 참석하고 병력자는 3명을 참석시켰는데 지리적으로
북쪽이라서 이 지방에는 한센병 발병률이 낮은 것 같았다. 병력자
3명도 과자공장직원, 목수, 기계공으로 일하면서 재가 생활에 불
편함이 없다고 했다.

선교를 위하여 수행한 의사들과 대화를 해 보니 역시 그들이 하
는 일이 쉽지 않을 것 같았다. 또한 듀에 박사의 설명에 의하면 전
국에 있는 22개의 요양소에 약 6,000명의 사람들이 있는데 자기
집으로 가기를 원하면 보내주고 의료팀도 내어보내고 해서 우리나
라처럼 정착농원을 만들려고 구상 중에 있다고 했다. 내가 생각해
봐도 넓은 토지가 있고 노동력이 있으니 잘 살아보겠다는 의지와
노력만 있으면 가능할 것 같았다.

우리는 다시 항구에서 배를 빌려 타고 TUAN CHAU 섬으로 향
했다. 수업이 많은 산봉우리들이 흡사 중국의 계림 리강을 유람선
으로 올라가는 것과 같았다. 설명에 의하면 3,000개의 섬 중에
150개는 이름이 있는데 세계 7대 절경중 하나라고 했다. 투언짜우
섬에 도착해 보니 빈 별장이 보였는데 호치민을 위하여 건립되었

으며 1961년에 딱 한번 사용하였다고 했다. 그곳은 너무도 풍광이 좋아 호텔을 짓고 싶다고 하니 베트남 환우들에게 이익금을 준다면 가능할 것이라 했다.

곧이어 마케이드에 들러 아오자이 14벌을 사서 동행한 스텝들에게 선물을 하니 부담스러워는 했지만 고맙게 받아주었다. 물론 공임 8,000원씩도 봉투에 담아 주었다.

다시 하노이로 돌아와 호텔에 여장을 풀었는데 시설이 너무 열악하여 불편한 하룻밤을 보내고 다음날 국내선 비행기로 호치민에 도착하였다. 팔레스 호텔에 체크인을 하고 보니 하노이와는 대조적인 분위기를 느낄 수 있었다.

그리고 곧바로 호치민시 피부병 연구소에 들러 현황브리핑을 받고 1972년 한국에서 지어 준 종합병원에 들러보았다. 450베드 규모의 좋은 시설을 갖추고 있는 병원이었다. 원장은 감사의 인사를 하며 다시 도와주기를 바란다는 부탁도 하였다. 베트남에 도착했을 때부터 자금을 관리하며 모든 일에 관심을 기울이며 정부에서 파견한 여직원이 따라다녔는데 람당이라는 지방에 이르자 자기 아버지라며 76세 된 노인을 소개했다.

그분의 말에 의하면 월남전 때 1평방미터에 4개씩 폭탄이 떨어졌다고 했다. 당시 레킨듀에 박사는 요양소 지하 땅굴에 숨어서 환자를 보살폈다고 했다. 하노이 시민들 대부분이 피란을 가지 않고 자가 땅굴에서 전쟁을 치렀고 어느 요양소는 13번이나 폭격을 당했다고 당시의 상황을 설명했다. 또한 한국군 파월당시 호치민시 외곽도로를 건설하다 전쟁이 끝이 나서 철수하고 다음에 베트남 사람들이 완성을 했는데 지금도 한국대로라고 부르고 있다고 했다.

그 다음에는 DI LINH 요양소가 있어 들러보았다. 원장은 수녀님이고 326명 중 학생이 102명이었는데 부모와 생활을 함께하지 않고 있었으며 만남은 자유로이 할 수 있었다. 그 학생들은 분교에서 공부를 하다가 고등학교부터는 공학을 하므로 중학교부터 공학을 하는 우리나라와 비슷한 면이 있음을 알게 되었다.

약 10㎞ 거리에 정착 마을이 있었는데 그곳에서 140명이 생활을 하고 있었으며 수입원은 별로 없고 노약자에게는 월 미화 5불 정도를 지원한다고 했다.

람당 소재지에도 정착 마을이 있었는데 30헥타르의 광활한 땅을 놀리고 있었다. 커피농사로 연간 수입이 50불로 가난한 삶을 살고 있었는데 가정 집 한 곳을 방문해 보니 집이 너무 협소하고 열악하여 마음이 아팠다. 이 나라 사람들에게 한국의 정착 사업을 전수시키면 좋겠다는 생각이 간절했다. 송아지는 미화 20불이고 어미 소는 70불이므로 소를 사육하면 경제 문제는 해결될 것으로 생각되었다.

오후에는 람당 지방 호텔에 도착하였다. 시골 호텔인데 1층은 돼지 막으로 되어 있어 돼지들이 마구 울어대는데다, 모기장으론 얼굴만 가리고 몸은 이불로 덮은 채 잠을 자야 해서 조금 불편했다. 게다가 말라리아 예방을 위해 키니네를 복용하니 1960년대 우리나라 시골을 연상케 했다. 이로써 마지막 날 호치민 박물관을 관람하고 베트남의 모든 일정을 마치게 되었다.

† 인도와 베트남에서의 IDEA의 활약

1993년 한센복지협회, 보건사회부(당시) 그리고 유관기관 대표와 동행하여 베트남을 시찰하여 현지 상황을 파악한 바 있고, 인도 역시 1994년 3월에 한성장로회 임원과 함께 캘커타와 첸나이를 방문하고 요양소를 시찰한 바 있어 아세아 지역에서 아직도 한센병 문제가 해결되지 않고 있는 지역이며 특히 베트남은 한국군 파병으로 깊은 인연이 있는 나라임을 감안하여 한국 IDEA협회 첫 사업을 두 나라로 결정하게 되었다.

특히 1994년 11월 11일부터 13일까지 인도에서 활동 중인 국제 나연맹 회장 고까레 박사가 한국 IDEA 협회와 국제나연맹과의 협력 사업을 구상하기 위하여 한국을 방문, 한국 IDEA 협회를 찾아 각 정착농원을 견학하고 앞으로 인도 극빈 아동 학자금 지원요청과 인도 병력자 경제 개발 사업 기술지도 요청을 했다. 앞으로 정착 사업을 인도에서 시작하게 되면 한국 IDEA 협회 회원들이 현지를 방문하여 축산 기술 지도를 해주기로 협의했다.

1995년 인도와 베트남 한센병력자를 위한 운영위원회가 만들어지면서 본격적인 지원이 시작되었다. 10월 2일에 있었던 운영위원회의에서 인도와 베트남 한센병력자를 위한 선교 센터 및 의료 복지 회관을 건립하여 건강관리와 경제 사업을 하도록 현지를 방문하기로 결의하였다.

1995년 12월 1일에서 10일까지 한국 IDEA 협회 회장단과 문석민 후원회장을 비롯한 후원자 17명이 양국을 방문하게 되었다. 인도 마드라스 요양소 밖에 부지 1,000평에 치료실을 겸한 70평 건물 건립을 위한 기공식을 했다. 삶의 여유가 없는 인도인들에게 치료실은 낯선 곳일 수도 있었다. 누구보다 치료가 필요한 그들인데, 막상 그들은 삶에 짓눌려 그런 생각조차 할 수 없었을 런지도 모르겠다. 그들에게 당장 필요한 것은 먹을 것과 입을 것이었겠지만, 궁극적으로 필요한 것은 마음과 영혼의 치료였다. 그리고 건강한 몸을 갖는 것도 가장 중요한 일이었다. 나는 그들의 몸과 마음과 영혼이 온전해지기를 간절히 기도하는 마음으로 기공식에 참석했었다. 그리고 하나님께서 그들 가운데 그렇게 역사하실 것을 확신했다.

12월 6일에는 베트남을 방문하였다. 구찌 터널을 통과하는데 길이는 270㎞, 폭 50㎝, 높이 1m인데 노인들과 아이들이 터널을 파고 굴속에 피신을 하고 군사 작전 기지로 사용한 곳으로서 B52폭격과 30~40㎞밖에서 폭탄을 퍼부었지만 무사했다고 한다.

붕타우에 있는 아가페 학교를 방문하고 있는데 군 인민위원장이 나와서 반겨주고 만찬을 베풀어 주었다. 적십자 대표 타오 박사의 설명에 의하면 이 지역에 한센인이 200명 정도 되는데 진료 사업을 해 주기를 요청하였다.

또한 베트남 국민들은 벽돌집 함석지붕에 살기를 원한다고 한다. 이곳 마을에는 30여 세대가 살고 있는데 산족이 15세대 나머지는 한센병력자 및 그 자녀들이다. 기공식을 마치고 젊은 청년들을 별도로 불러서 앞으로 마을 경제 발전 방향과 복지관 운영에 대하여 의견을 들어보았다.

사회주의 국가로 여러 면에서 부자연스러운 일도 있지만 극복하고 살기 좋은 마을을 건설해주기를 바라며 38세대에 씨돼지를 1마리씩 구입해서 소규모 축산 사업을 시작하게 해 주었다. 베트남에는 붕타우 벤산 병원에 컴퓨터 1대를 기증하고 오토바이 수리 센터를 개설하여 병력자 자녀들의 기술 교육으로 직장에 취직할 수 있는 길을 열어주기도 하였다.

일을 할 수 있다는 것은 사람에게 활력을 준다. 몸은 편하지 않을 수 있어도, 사람은 일을 하면서 많은 생각과 마음을 품게 된다. 그리고 계속해서 발전하고 성장하려는 욕심도 갖게 된다. 일을 좀 더 잘하고 싶다는 바람과 함께 무언가를 좀 더 배워야겠다는 생각을 갖게 되기도 한다.

그러면서 사람은 더 나은 모습으로 변화해 가는 것 같다. 그런 과정을 통해 성장과 성숙을 거듭하며 꿈을 이루어 가는 것이다. 그런 모습이 베트남 현지 국민들에게도 생겨나기를 기도했다. 그리고 그들의 마을에서 자유롭게 꿈을 꾸게 되기를 기도했다.

† 중국에서 꽃피는 IDEA

1993년 10월 28일 중국을 방문하게 되었다. 베이징 레인보우호텔에 여장을 풀고서 1박을 하고 다음 날 여러 곳으로 연락을 하여 Dr. LEE 가 호텔이 찾아와 주었다. 안내를 받아 나협회 부회장 자택을 방문하게 되었다. 그분의 작고한 남편은 중국 나협회 회장을 지낸 분이라 했다. 조금 있으니 올란도 나학회에서 만났던 신박사가 보사부 국제협력국장을 데리고 찾아와 합석하였다. 간단한 중국 한센병 현황을 소개하고 헤어졌다.

첫 번째 방문지인 남경에 도착하였다. 남경 보건국 차장이 직원들과 함께 영접해 주었다. 저녁이 되어 현무호텔에 여장을 풀고 위생청 부청장이 나와 전반적인 이 나라의 한센병 현황을 브리핑하였다. 총 환자 수 5,000,000명이고 강소성에는 50,000명이며 진행 중인 환자는 572명이라 했다. 강소성의 인구는 670만 명이고 면적은 130평방km, 376개 군에 11개의 군청 소재지가 있다고 했다. 이곳 한센병력자 중에는 유명한 사업가도 있다는 설명도 하였다.

1시간 30분 정도를 자동차로 이동하니 진강성 한센병 교육소 간판이 보였다. 정문 가까이에는 직원들의 마을이 있었고 계곡으로 올라가니 환우들의 마을이 자리하고 있었다. 현재는 직원 2명과 병력자 42명이 살고 있지만 35년 전에는 많은 환자들이 요양을 하고 있었다고 했다. 병력자들의 생활 정도는 열악하기 그지없어 보기 민망하였다. 정부에서 주는 보조만으로 생활하고 자기의 노력이 없으니 가난한 삶을 살아갈 수밖에 없는 것이었다. 이곳에서도 우리처럼 경제 사업에 눈을 돌려야 풍요로운 생활을 할 수 있을 텐데 하는 안타까운 생각이 들어 동행한 공무원들에게 한국의 경우를 설명해 주었다.

그 다음 주에는 상주에 도착하였다. 보건소에 들렀는데 한센병의 날 행사를 한 비디오를 상영해 주었는데 내용은 빈약하지만 홍보에 열의를 가지고 있다는 것 자체로 좋은 평가를 해줄 만 했다. 상주에도 병원이 1곳 있는데 다른 지방에 있는 것과 다를 바 없었다. 가는 곳마다 설명을 들어보니 요양소가 생긴지 35년 되었는데, 유병율과 발병률이 선진국 수준인데 짧은 기간에 이러한 실적을 올릴 수 있었다는 것이 믿어지지 않았다. 이곳 상주의 인구는 300만인데 중국에서 경제 발전이 다른 곳의 3배 정도 앞서 간다는 설명을 했다. 각 면 단위까지 한센병 관리 요원이 근무하고 1,900개 마을 진료소를 정부에서 운영하고 있었다.

다음으로는 소주시를 방문하였다. 소주 보건소에 들어갔는데 빨

강색 천에 금색글씨를 새긴 현수막을 걸어 놓고 우리를 열렬히 환영해 주었다. 그곳 보건소에는 안과, 피부과 진료를 보고, 성병 그리고 한센병도 진료하고 있었다.

그 다음 우리는 이번 방문의 마지막 지역인 상해에 도착하였다. 안내를 받아 상해 종합 병원 겸 나협회를 방문했는데 주도해 박사는 이 병원에 근무하고 있었다. 우리 일행은 상해의 일정이 짧아 밤 시간이지만 윤봉길의사가 이토 히로부미를 사살한 홍코우 공원을 등불을 들고 찾아보고 김구선생의 임시정부 건물을 찾아보게 되었는데 병원 의사인 주도해 박사는 이런 내용을 전혀 모르고 있어 우리 정부의 홍보가 더욱 필요하게 생각되었다. 지금도 홍코우 공원 기념품 가게를 운영하며 우리를 안내해준 교포에게 감사한 마음이었다. 기차로 다시 남경을 거쳐 북경에서 비행기로 귀국길에 오르니 세계 보건 기구와 우리 정부에서 베풀어준 3국 방문의 모든 일정을 마치게 되었다.

1996년에는 중국 중앙정부 관리 및 한센병 관리 책임자 대표가 한국 IDEA 협회를 방문한 일이 있었다. 그래서 정착 농원을 견학

시켜 주고 IDEA 협회와 한국의 성공적인 정착 사업 경과 및 현황을 설명해 주었다. 아울러 중국도 젊고 노동력이 있는 한센병력자들이 많아 앞으로 정부 차원의 자금 지원과 행정 지원이 뒤따를 경우 한국보다 짧은 기간에 경제가 활성화될 것이며 본회에서도 필요로 할 때마다 기술 지원을 하기로 하였다. 처음 5명을 1진으로 구성한 대표자들이 본회를 방문하여 정착사업 현장을 돌아보며 장차 중국 한센병력자 마을 경제 발전 사업을 계획하게 되었다. 지은경, 양리합, 허소평, 종정화, 정풍화. 이렇게 5명의 중국인 방문단이 본회를 방문하여 정착 사업 현장을 돌아보며 장차 중국 한센병력자 마을 경제 발전 사업을 계획하게 되었다. 당초에는 병력자 2명이 포함되어 있었는데 비자 관계도 있고 중국 내에서 동행할 수 있는 형편이 못되어 불참하게 된 것은 아쉬운 일이었다.

그러나 양성만보 정풍화 기자가 동행하므로 중국에 한센병 홍보는 대대적으로 될 것이었다. 양성만보는 6,300만 광동성 인구 중에서 제일 많은 독자를 가지고 있는 신문이며, 지난번 중국 워크숍 상황도 자세하게 보도를 해준 바 있고 김대중 대통령께서 아세아 각국의 여기자 초청에도 선발되어 한국을 다시 찾게 되었다.

그 이후에 중국 중앙정부 제 2진이 방한을 했다. 제소추, 만리야, 이문충, 장국성, 초건화, 장계기 등 6명이 한국 IDEA 협회를 방문하여 정착 농원을 견학하고 IDEA 협회와 한국의 성공적인 정착 사업 경과 및 현황에 대한 설명을 들었다. 아울러 중국도 젊고 노동력 있는 한센병력자들이 많아 앞으로 정부 차원의 자금 지원과 행정 지원이 뒤따를 경우 한국보다 짧은 기간에 경제가 활성화될 것이며 본회에서도 필요로 할 때마다 기술 지원을 하기로 하였다.

운영위원회 또는 회장단 회의를 할 때마다 중국 동포 환우들을 돕는 것이 좋겠다고 하여 기회가 되면 일을 시작하려고 생각하던 중 1997년 6월 30일부터 7월 5일까지 중국을 방문해 달라는 연길시 위생국의 초청이 있어 본회 회장인 내가 현지를 방문하게 되었다.

7월 3일 연길시 피부방치원(도립 병원) 남광일 원장과 연길시 위생국 이수남 국장의 영접을 받고 길림성 용정시 노투구읍에 있는 한센병 요양소를 찾아갔다. 이 요양소는 1950년 개원하여 300명까지 수용할 수 있는데 당시는 54명이 살고 있었다. 그 중에 우리 동포는 2명이고 나머지는 모두 중국인이었다. 54명을 상대로 한국의 정착 사업을 자세하게 홍보고 이미 시작하고 있는 양돈 사업의 시설 현대화 및 사양 관리에 관한 내용의 교육을 하고, 초림 원장에게 양돈장 확장 계획을 의논하고 돌아왔다. 다시 남광일 원장의 안내를 받아 훈춘시를 방문하게 되었다. 현지 보건소 최정률 소장을 만나 이야기를 나누게 되어 훈춘 형편을 파악하게 되고 몇 년이 지난 후 결국은 장학 사업을 하게 되었다.

나는 그곳 사람들을 대하면서 꽤나 큰 욕구와 열정을 느낄 수가 있었다. 학구열도 높은 편이고, 많은 도움을 받고 싶어 했다. 그래서 나는 내가 할 수 있는 최대한의 것을 주기 위해 노력했다.

무엇보다 빨리 그들에게도 정착 마을이 형성되고 그 마을 안에서 자연 치유의 기쁨을 누릴 수 있게 되기를 간절히 바라는 마음이었다. 나는 중국에서 그들을 만나면서 그들로 하여금 많은 것들을 누리기 원하시는 하나님 아버지의 마음을 품게 되었다.

2003년 8월 25일부터 29일까지 22명의 회원이 용정 유신교회를 방문하고 훈춘시를 방문하여 2002년 7월에 만났던 노인회 회원들을 식당으로 초청하여 위로 잔치를 베풀었다.

특히 참석자들이 모금한 장학금을 훈춘시 중학생 1명당 1,000위안(한화 150,000원 상당) 씩을 전달했는데 다른 종류의 장학금이 1명당 200~300위안씩을 주는 것에 비해 개인이 1,000위안을 받은 것은 처음 있는 일이라며 참석한 1,300여 명의 학생들이 탄성을 지르기도 하였다. 앞으로 100명 정도의 동포 아동에게 학비를 지원하기로 훈춘시 관계자와 의논하고 지속적인 유대 관계를 맺기로 하였다.

✝ 필리핀 한센환우 주택 건립

2006년 9월 25일부터 29일까지 마닐라 근교 딸라 마을 소재 사마리아 센터에 주민 주택 10동을 지어 입주 감사 예배를 드렸다. 2005년 가가얀 한성룸비아 교회 기공예배와 헌당 예배를 드리러 가고 오면서 사마리아 센터를 방문하여 주민들의 생활을 살펴보니 처음으로 11가정을 입주시켰는데 4평 정도의 양돈사, 간이 건물에 살림을 차렸는데 너무도 환경이 열악하여 마음이 아팠다.

2006년 3월 꿀리오 요양소 100주년 기념식에 초청받아 가는 길에 들러서 장재중 이사장, 김명학 목사를 만나 IDEA KOREA에서 주택을 건축해도 좋다는 허락을 받고 귀국하여 기도했는데 가델 축산, 한국기독교 구라회, YFU 한국지부, (사)한빛복지협회 등에서 후원이 되어 5월에 착공하여 이번에 입주를 하게 되었는데 만족하진 않아도 생활환경을 개선하여 입주한 가족들의 기뻐하는 모습은 나에게 큰 힘과 의욕을 갖게 하였다.

✝ 하나님의 계획, IDEA 사역

내가 IDEA를 통해 한센병자들을 대상으로 사역을 시작한 지도 벌써 10년이 훌쩍 넘어버렸다. 그동안의 나의 삶을 돌아보면 사울이 바울로 변화된 과정을 떠올리게 된다. 자신의 본성 그대로가 아니라 변화된 모습과 성품으로 크게 쓰임 받았던 바울처럼 나 역시 그렇게 변화되어 쓰임을 받을 수 있었다. 병에 걸려 죽음을 생각할 수밖에 없었던 나에게 하나님께서는 생명을 주셨고, 그것을 넘어서서 꿈과 희망을 주셨고, 그것을 펼칠 수 있는 기회 또한 허락해 주셨다.

작은 마을에서 시작된 우리의 사역이 전국적으로, 세계적으로 확장되어 가는 것을 볼 때 놀라움을 금할 수가 없다. 하나님은 어쩌면 그렇게 세계 곳곳의 도움이 필요한 이들을 만나게 하시는지 참 신기하다. 우리가 만나야 할 사람들을 만나게 하시고, 마땅히 해야 할 일들을 하게 하신다. 외국으로의 지원 사역을 시작하면서 누군가를 도울 수 있다는 기쁨이 배가되었다. 그래서 하나님의 사역이 더 기쁘고 즐거워졌다. 매일매일 새로운 사람들을 만나고, 새로운 일을 하게 될 것에 대한 기대감으로 벅차오르곤 했다.

마을 대표로 일을 하고, IDEA의 회장으로 일을 하면서 내가 가장 많이 느끼고 깨달은 것은 이것이 내가 하는 일이 아니라, 하나님께서 하시는 일이라는 것이다. 나로서는 도저히 할 수 없는 일들은 하나님께서는 하게 하신다. IDEA가 설립되기 전에 여러 사람들이 모여 기도를 하며 계획을 세우고 실행했던 것도 그 이유에서 기인한 것이라 생각한다. 기도를 하며 하나님을 의지하며 하는 일은 결코 실패하지 않는다. 하나님께서 하시는 일은 언제나 그분의 계획과 섭리대로 움직여가게 되어 있다.

처음에는 나의 개인적인 소망을 담아 사역을 시작하게 되었다. 그렇지만 하나님은 그것을 지극히 개인적인 일로 그냥 두지 않으셨다. 조금씩 사역을 확장시키셨고 더 많은 일들을 맡겨 주셨다. 사역의 영역을 한국이 아닌, 세계로 확장시켜 가시는 것이 바로 그 증거라 할 수 있다. 예전에 내가 꿈꿀 수 없었던 많은 것들을 보게 하시고, 알게 하시는 것 같아서 참 감사한 마음이다.

지금도 IDEA는 기도로 움직이고 있다. 우리의 힘과 능력이 아닌, 그분의 역사하심에 따라 우리는 그저 순종하며 따라 갈 뿐이다. 그렇게 할 때 필요한 모든 것을 채우시는 하나님을 경험하게 된다. 그리고 그것을 경험할 때마다 우리에게 꼭 필요한 것들을 채우시는 하나님을 찬양하지 않을 수가 없다.

IDEA는 하나님께서 만드신 단체이다. 그리고 하나님께서 친히 일하시는 단체이다. 나는 그저 그 일의 도구로, 하나님의 도구로써 사용될 뿐이다. 나는 지금까지 역사하신 하나님께서 앞으로 역사하실 것을 기대하고 있다.

한국의 한센인 그리고 IDEA협회의 후원자들은 진정 위대하다. 성경 역사를 보아도 또 어느 나라의 경우를 보아도 한센병력자들이 땀 흘려 번 돈을 희사하여 이웃을 돕는 일은 한국을 제외하고는 유래를 찾아볼 수 없다고, 아니, 우리 후원자들은 지금도 기도하고 있다.

또한 UN 인권위원회에서 주최하는 전문가 회의에 참석하여 한센인 및 가족에 대한 차별을 철폐하고 잘못된 과거를 바로 잡아 앞으로 차별 방지를 위한 가이드라인을 설정하고 한국의 사례를 발표하는 단계까지 발전하게 되니 그 은혜에 감사할 따름이다.

미약하지만 우리의 도움을 받은 다른 나라 사람들이 한국의 경제 발전 경험을 빨리 배워서 우리나라처럼 자기 돈으로 여행비를 마련하여 세계 각국을 돌아보고 또 그들이 다른 사람에게 사랑의 빚을 갚는 날이 속히 오기를 … .

우리가 하는 일이 규모는 크지 않지만 나름대로 최선을 다하고 있다. 사람이 돈을 벌기는 매우 어렵지만 그것을 쓰기는 더 어렵고 남을 돕기는 더더욱 어려운데 500여 후원자들이 10년을 쉬지 않고 베풀고 있음에 경의를 표하고 싶다.

꿀벌이 1㎏의 꿀을 모으기 위해 650만 송이의 꽃을 찾아 다녀야 된다고 하는데 그들은 그것을 혼자 먹지 않고 사람에게 거의 나누어 준다고 한다. 우리는 거미 같은 인생 말고 꿀벌 같은 희생정신으로 이웃을 돌보아야겠다는 다짐을 다시 하게 된다.

요사이 이 일에 몰두하다 보니 나도 모르게 6,000원짜리 거지 대장이 되고 말았다. 지인을 만나게 되면 아동 후원 카드를 몇 장이나 맡길 수 있을까 부터 계산하게 된다. 그것은 나뿐만 아니라, 임원, 운영위원 모두가 같은 생각일 것으로 믿어 의심치 않으며 이에 감사하는 마음이다.

정착 농원 주민의 후원으로 시작했는데 10년이 지나고 나니 평균 연령이 70세로 더 이상 이웃을 돕기는 어려워지므로 이제는 범국민적으로 모금하기에 이르렀다 생각한다.

10년 동안 성장시켜 주신 하나님과 세계 각처에서 같은 마음으로 동역하는 지체들에게 감사를 드리고 싶다. 특히 수십만 불의 국제 IDEA 협회 사업비를 지원하고 직접 참여해 주시는 일본재단 사사까와 요헤이 회장과 국제 본부에서 헌신적으로 일하는 앤웨이로우 여사에게 경의를 표하는 바이다.

국내에서 빼놓을 수 없는 문석민 후원회장, 최수섭 고양공단 상임고문, 그리고 안동 여전도회 연합회원 모두에게 감사하며 끝으로 이런 일을 할 수 있도록 행정적으로 지원해 주시는 보건복지가족부에도 사의를 표하고 싶다. 지난 10년은 수련의 기간이며 일을 배우는 실습 기간이었고 앞으로 10년, 아니 지구촌에서 한센병이 한국처럼 없어지고 가난에서 고통 받는 자들이 없어질 때까지 지속적으로 이 사업이 번창하도록 많은 이들이 적극적으로 참여하기를 간절히 바라는 바이다. 하나님의 역사는 멈추지 않고 계속될 것이다. 십 년 남짓의 사역을 확장시키셨듯이 앞으로의 사역도 제한 없이 확장될 것을 기대한다.

한국 IDEA 협회는 국제 한센인 선교사역을 위해 힘써왔다. 그런데 이제는 협회 구성원인 한센인병력자들의 평균 연령이 72세가 되었다. 과거에 우리가 겪었던 쓰라린 아픔들을 우리 세대에서 끝내야 한다는 생각으로 후손들에게 자랑스러운, 존경받는 부모가 되기 위해 노력해왔다. 우리들의 여생은 하나님의 지상명령인 선교 사업에 초점이 맞추어져 있다.

죽는 그 날까지 하나님께 영광을 돌리기 위해 애쓰려 한다. 하나님을 가장 기쁘시게 하는 것, 그것은 바로 복음을 전하는 일이라 생각한다. 그 일을 위해 우리는 계속해서 헌신하려 한다.

한하운 시인의 시 중에 '파랑새' 라는 작품이 있다. 나는 그 시를 읽을 때마다 날개 없는 나에게 날개를 달아 주시고, 소록도에 둥지를 틀어 중생하게 하신 후 날 수 없었던 나를 날게 하신 하나님의 사랑을 생각하게 된다. 하나님은 나를 이 땅에서도 마음껏 날게 하셨지만 이다음 생, 천국에서는 더욱 자유롭게 날게 하실 것을 믿는다. 이제 나는 나보다 더 갇혀 있던 영혼들에게 자유를 선물하고 싶다. 지금까지 많은 일들을 해왔지만 내 목숨이 다할 때까지 이 일을 멈추고 싶지 않다. 나를 통해 다른 이들이 더욱 자유로워지기를, 해방되기를 간절히 기도해 본다.

파랑새

– 한하운 –

나는
나는
죽어서
파랑새 되어

푸른 하늘
푸른 들
날아다니며

푸른 노래
푸른 웃음
울어 예으리

나는
나는
죽어서
파랑새가 되리

 사진 으로 보는 IDEA

IDEA(Integration Dignity and Economic Advancement)는 1993년 미국 올란도에서 열린 제14차 국제나학회에서 창립 준비를 시작하여 1994년 브라질 총회에서 태어나게 되었다. 창립 이후 베트남, 인도, 중국 등지에서 한센병력자 정착 마을 지원 사업과 한센병력자 재활 사업을 펼쳤으며, 가난 때문에, 병의 고통으로 사람다운 삶을 영위하기 어려운 세계 각지의 사람들에게 구원의 손길을 뻗치고 있다.

▲ 1997년 UN 사진전시회에서 당시 코피아난 UN 사무총장과 함께

▲ 1981년 새마을 훈장 서훈 후 지도자 강연

▲ 1981년 장로 장립식

▲ 평화봉사단 강주혜 양 결혼식

▲ 부모님 남원 신생농원 방문

▲ 결혼식 사진

▲ 청와대방문

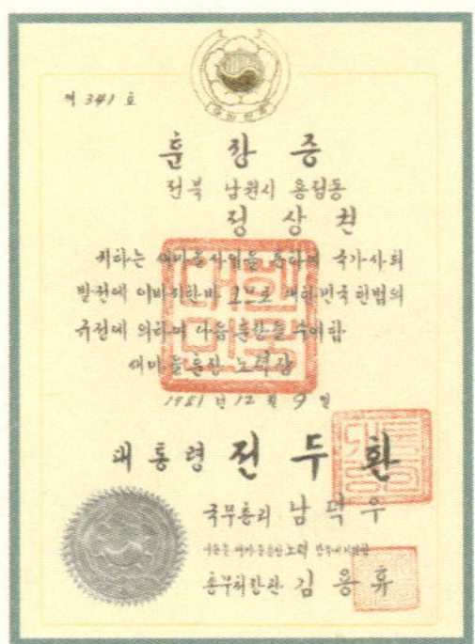

▲ 훈장   ▲ 훈장증

▲ 1987년 나관리 세미나

▲ 1988년 네덜란드에서 열린 제13차 나학회에 참석하여
이준열사 묘비 앞에서

▲ 1992년 WHO주선, 동남아 한센상황 시찰

▲ 1993년 IDEA협회 준비모임

▲ 1993년 미국 올란도 IDEA 준비회의

▲ 1994 브라질 총회 후 각국대표들과 함께

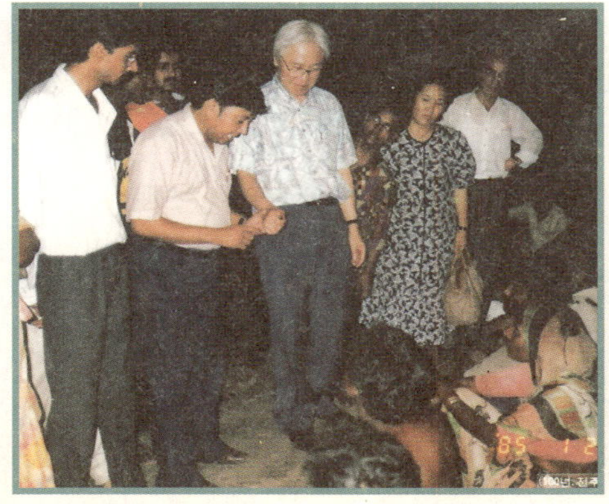

▲ 1994년 인도 캘커타 노숙자 전도

▲ 1996년 수료식

▲ 캄보디아 품동 기독초등학교

▲ 베트남 아카페 교회

▲ 베트남 환우의 집 방문

▲ 1997년 한성협동회장취임

▲ 1998년 한국지회 만찬석상

▲ 1998년 독일 한센인마을 후원자 방문

▲ 1998년 독일 문스터 시장에게 한국 한센인을 도와준 후원에
 감사패 증정

▲ 1999년 중국정부주최 세미나 강의

▲ 2000년 인도 방문에서 만난 캘커타 한센인

▲ 2000년 환갑잔치

▲ 2001년 인도 꺼멀푸르교회 헌당

▲ 인도 꺼멀푸르 교회

▲ 2001년 인도 캘커타 IDEA 학교 건축시삽

▲ 완공된 인도 IDEA 미션스쿨

▲ 2001년 인도 장학금 수혜 아동가족 방문

▲ 해외한센병력자 연수교육

▲ 2001년 해외 한센병력자 교육 기도

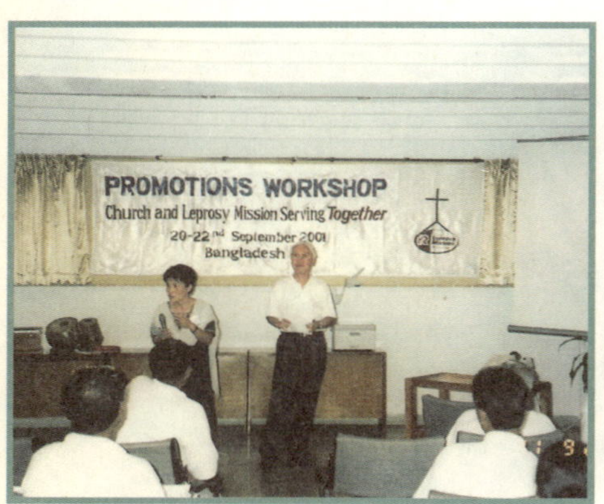

▲ 2001년 방글라데시 워크숍 강연

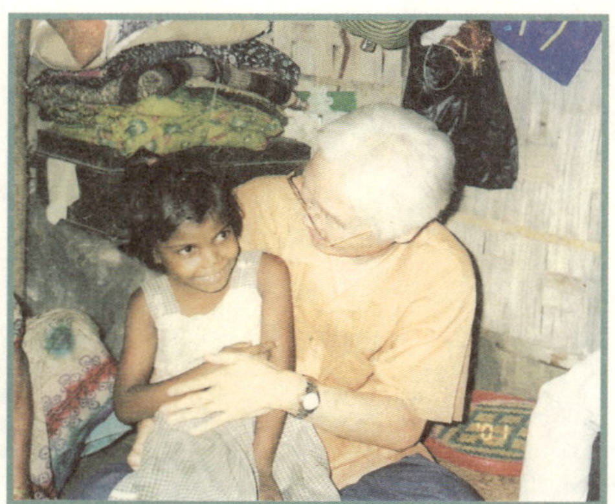

▲ 2001년 방글라데시 치타공 한센인 자녀

◀ 방글라데시
마우나교회 헌당식

▲ 중국 훈춘 제2소학교 장학금 전달

▲ 필리핀 딸라지역 아동 장학금 전달

▲ 2002년 세계여성대회

▲ 2003년 학자금지원 수혜지 방문

▲ 2005년 남아공 국제나학회

▲ 2005년 선교후원을 위한 총회 발언

▲ 전국장로회연합회 공로상 수상

▲ 대한예수교 장로회 사회부장 당선

▲ 2008년 대한예수교 장로회 사회부장 자격으로 소록도
연합교회를 방문, 감사예배

▲ 김수환 추기경과 함께

▲ 2008년 국제나학회 연제발표

▲ 2008 국제IDEA협회 정기총회

▲ 2008년 한국 IDEA협회 후원의 날

한국 IDEA협회 선교회 후원회

IDEA 사업에 동참하고자 하는 분은
아래와 같이 참여하실 수 있습니다.

일반회원

매월 10,000원 이상 회비를 월납 또는 분기납, 연납 등으로
참여하시면 됩니다.

단체회원

법인 또는 교회 100,000원 이상 회비를 월납 또는 분기납, 연납
등으로 참여하시면 됩니다.

특별회원

연 1,000,000원 이상의 회비를 월납 또는 분기납, 연납 등으로
참여하시면 됩니다.(운영위원 및 임원)

한국 IDEA 협회에 가입하시면, 회비의 영수증을 발급해드리고,
홍보지에 그 명단을 게재하여 귀하신 뜻을 많은 분들께 알려드리
며, IDEA가 주최하는 국제 행사장에 동참하셔서 수혜지역을 직접
확인하실 수 있는 기회를 드립니다.

■ 예금계좌번호 ■

농 협 100013-52-080306

예금주 : 정 상 권

한국 IDEA 협회

Integration Dignity and Economic Advancement

서울시 서초구 양재동 275-1 삼호물산빌딩 A동 1508호
Tel : (02)589-1215 / Fax : (02)589-1216
E-mail : skjunggo@hanmail.net